대화를 위한
여성신학

대화를 위한 여성신학

가톨릭 전통과 여성신학의 만남

삼인

추천사
서로가 서로를 온전히 존중하고
사랑하는 동반자가 되어

강우일 주교 | 천주교 제주교구 전 교구장

    우리 부모님은 70년을 해로하셨다. 나는 부모님의 맏아들로 살아오며 두 분의 관계에서 그리 심각한 갈등이나 마찰을 목격한 적은 없었다. 가끔 어쩌다 티격태격하거나 일상생활에서 별것도 아닌 조그만 일이지만 두 분의 성격 차이와 남녀의 기본적인 성향 차이로 언쟁이 벌어지는 일이 있기는 했다. 말다툼이 이어지다가 아버지의 목소리 톤이 높아지면 어머니가 싸움을 피하시려고 침묵하며 언쟁을 끝내는 불공평한 가부장적 분위기를 분명히 감지하였다. 그럼에도 나는 두 분 사이에 강자와 약자의 억압과 순종의 관계, 지배자와 피지배자의 상하 관계라는 사회적 계층의 대결 구도를 느끼지는 못했다. 두 분 사이에 하느님이 맺어주신 동반자로서의 시선과 인연이 있었기 때문이라 생각된다.

근래에 와서 사회적으로 성차별, 성폭력, 성인지 감수성 등 성 문제가 크게 대두되고 교회도 적지 않은 문제점을 안고 있음을 인식하게 되었다. 50년을 가톨릭교회의 성직자로 살아온 나 자신에게도 가부장적 사회 분위기에 무의식, 무비판으로 편승해 온 책임을 부인하지는 못할 것 같다. 이 책을 읽으면서 나는 곳곳에서 나의 성찰과 고민을 제기하는 내용들을 접하였다. 인류는 고대와 중세, 근대와 현대의 역사를 관통하는 많은 희생과 고통을 겪으며 아주 조금씩 모든 인간의 침범할 수 없는 숭고하고 존엄한 인격과 위상을 발견하고 정립해 왔다. 인류의 역사는 인간 해방의 여정이다. 고대에서는 재산목록의 하나로 인식하고 매매되던 노예들이 그리스도교의 인간관을 통하여 차츰 동등한 인간 대접을 받을 권리를 누리게 되었다. 중세를 거치면서 소수 권력층의 지배 아래 놓인 하층 계급 농민, 기술자들도 차츰 동등한 시민의 권리와 자유를 누리며 해방을 맛보았다. 근세에 접어들어 자본주의가 발달하며 자본가의 지배와 억압에 시달리던 노동자들 역시 동등한 인간적 품위와 권리에 동참하게 되었다. 현대에 들어와 피부색을 달리하는 인종 간의 차별이 비판받고 모든 민족이 동등한 인간으로 존중받는 세상으로 조금씩 변해가고 있다. 최근에 와서는 인류의 반을 차지하는 여성이 남성과 똑같은 동등한 권리와 품위를 인정받을 수 있는 사회적 구조 개혁이 서서히 이루어지기 시작했다. 이는 분명히 인간 해방 역사의 새로운 단락이다. 가톨릭 교회 내에도 직무 사제직이 남자에게만 허용됨으로써 교회 공동체도 남성 중심의 문화가 2천 년을 두고 고착되고 신자 공동체의 압도적 다수가 여성들임에도 불구하고 교회의 운영과 의사결정 과정에서 여성의 참여와 역할은 제한되거나 억제되어 왔다. 이는 분명히 올바르지 못하고 복음적이지도 않은 관행이고 체제다. 다만 인류 역사의 가장 오래된 관행과 체제를 변화시키는 일에는 우리 모두의 상당한 인내와 회심의 내공을 필요할 것 같다.

주 하느님께서 사람에게서 빼내신 갈빗대로 여자를 지으시고, 그를 사람에게 데려오시자, 사람이 이렇게 부르짖었다. "이야말로 내 뼈에서 나온 뼈요 내 살에서 나온 살이로구나! 남자에게서 나왔으니 여자라 불리리라." 그러므로 남자는 아버지와 어머니를 떠나 아내와 결합하여, 둘이 한 몸이 된다.

(창세기 2,22-24)

창세기 2장은 하느님이 여자를 창조하시는 장면을 이렇게 묘사한다. 이 구절에서 성서 저자는 남자와 여자 사이에 아무런 차별이나 갈등이 없고 두 사람의 존재가 본래 완벽

한 일치와 화합을 이루는 평등한 관계로 맺어졌음을 선언하고 있다. 그러나 성서의 이러한 표현은 저자가 태초에 일어난 하느님의 인간 창조의 구체적인 사건을 보고 서술한 역사적 보고서가 아니다. 또는 하느님이 하늘에서 들려주신 말씀을 저자가 그대로 받아적은 문서도 아니다. 이 구절은 하느님의 축복 아래 언젠가 종말론적 미래에 남편과 아내가 도달하고 완성해야 할 두 사람 사이의 궁극적인 목표요 이상에 대한 초대의 말씀이다. 하느님은 남자와 여자가 서로를 하느님이 주신 최고의 선물로 받아들이고 아끼고 존중하라고 부르셨다. 남자와 여자가 서로를 뼈와 살을 공유하는 동등한 반려로 맞아 기뻐 부르짖는 상태는 창조 시작에 이미 완성된 종착점이 아니라 미래의 종말에 이루어질 구원의 출발점이다. 성서의 창조 이야기는 창조에 관한 과학적 보고서나 논문이 아니다. 성서 저자는 세상과 인간에 대한 하느님의 종말적 구원의 섭리와 약속을 태초의 세상에 역방향으로 거슬러 투영시킨 회고적 예언(Retrospective Prophecy)으로 서술하고 있다. 남자와 여자가 온전히 서로를 존중하고 사랑하는 동반자가 되는 일은 하느님의 종말적 구원에서야 완성될 것이다. 그때까지 우리는 그 구원의 완성을 향해 한 발자국이라도 더 가까이 다가서도록 부르심을 받고 살아가는 사람들이다.

추천사
신앙, 페미니즘, 대중문화 사이에 놓일 언어를 고민하며

오수경 작가 | 전 청어람ARMC 대표

"열림교회 닫힘"이라는 단어가 있다. '열림'이라는 교회 이름과는 달리 문이 굳게 닫힌 사진이 인터넷 커뮤니티에 공유되며 널리 알려지게 되었다. 의도한 것은 아니겠으나 '열림교회 닫힘'은 겉으로는 사랑, 섬김, 포용을 표방하지만, 실제로는 권위주의적이고 배타적인 한국 개신교회의 단면을 정직하게 드러냈다.

교회는 내가 하느님을 만나고, 신앙을 이어가고, 평생 친구를 만나게 해준 '열림'의 공간이었다. 그러나 페미니즘이라는 새로운 렌즈로 나, 신앙, 사회를 새롭게 이해하게 된 이후부터 '닫힘'의 공간으로 여겨질 때가 많았다. 페미니즘은 교회를 무너뜨릴 급진적 사상이고, 페미니스트는 불편하고 불온한 존재였다. 주로 남성 목회자와 신학자의 렌즈로 해석된 성서는 '페미니즘과 신앙은 공존할 수 없다'는 주장에 힘을 실어주는 듯했다. 그런 곳에서는 여성신학을 만날 기회도, 페미니스트 동지를 찾기도 어려웠다. 물론 제법 열린 태도로 페미니즘을 긍정하며 배우려는 시도도 만났다. 그러나 '교회가 허락한 만큼'만 배우고 실천하길 원했다. 기존 권력 구조를 건드리지 않는 선에서, 부드럽고 지혜롭게. 페미니즘의 급진성과 변혁적 역량을 순화시킨 페미니즘만이 '진정한' 혹은 '올바른' 페미니즘이라 여긴 것이다.

교회 바깥에서도 '닫힘'의 순간은 존재했다. 나를 "그리스도인이고 페미니스트입니다"라고 소개하면 이런 질문이 돌아왔다. "그런 가부장적인 신을 왜 믿죠?" "여성과 성소수자를 억압하고 차별하는 교회를 왜 다니죠?" 그간 교회가 보인 행태를 생각하면 당연한 질문이었다. 교회의 복잡한 역동과 여성신학의 가능성을 모른다면, 여전히 교회에 남아있는 나는 그저 나이브한 신자로 여겨질 뿐이었다. 그렇게 나는 교회 안에서는 너무 급진적인 페미니스트를, 교회 바깥에서는 조금은 부족하고 나이브한 페미니스트를 담당하게 되었다. '나이브한 급진주의자'라니. '열림교회 닫힘'만큼이나 모순적인 이름이었다.

2015년 이후 한국 사회에서 '페미니즘 리부트' 흐름이 거세지자 정치사회적으로 '백래시'가 형성되었다. 교회도 사회처럼 '아직' 페미니즘을 받아들일 준비가 되지 않았다. 페미니즘으로 각성한 여성들은 앞으로 달려갈 준비를 마쳤는데 교회는 급진적 퇴행을 선택했다. 물론 '페미니즘'이라고 명명된 모든 것들이 옳은 방향으로 흘러가지는 않았다. 어떤 흐름은 신중할 필요가 있었고, 좁은 의미의 페미니즘은 '페미니즘들'로 확장될 필요도 있었다. 가장 큰 문제는 페미니즘에 대한 이해와 학습의 부재 속에서 간극이 더 벌어지고 있다는 점이었다. 교회는 '페미니즘'이라는 오래된 새로운 목소리를 불편해했고, 페미니스트 그리스도인들은 고립되다가 결국 격렬한 침묵을 선택하거나 교회에서 아예 사라져 버렸다. 이런 흐름 속에서 페미니즘과 신앙의 만남은 더욱 불가능한 일처럼 여겨졌다.

『대화를 위한 여성신학』은 이런 상황에 나온 중요한 책이다. 이 책은 총 3부로 구성되었다. 책의 문을 여는 1부에서는 현재 한국 사회에서 벌어지는 '반 페미니즘' 현상을 정리하고 그것이 가톨릭교회와 여성신학과 어떻게 연결되는지 살피며 문제의식을 공유한다. 2부에서는 성서와 교리 등 가톨릭 전통을 여성신학은 어떻게 재해석하고 재구성할 수 있는지 정리한다. 3부는 가족, 동성애, 재생산권, 여성사제 등 현대사회의 도전 과제 앞에서 가톨릭과 여성신학의 변화를 제안한다. 나는 거의 모든 페이지에 형광펜을 그을 정도로 공감하며, 끄덕이며 읽었다. 저자가 이 책을 쓴 이유는 "긴박함 때문"이라고 한다. 점점 극우화하는 사회적 흐름과 브레이크 없는 퇴행을 하는 교회 상황 속에서 '페미니즘'을 둘러싼 갈등이 심상치 않기 때문이다. 저자의 긴박함이 나에게도 전달되어 절실한 마음으로 읽었다. "대화를 위한"이라는 전제를 깔았지만, 나 같은 '일반' 그리스도인은 "신학"이라는 단어 앞에서는 지극히 겸손해진다. 그러나 겁먹을 필요 없다. "선언적인 글이나 '우리끼리' 자족하는 글보다, 나의 주장을 덜 밀고 나가더라도 교회 내 서로 다른 구성원들이 서로 경청하고 대화하게 해주는 글을 쓰고 싶었다"는 저자의 바람처럼, 저자는 남성과 여성, 전통과 변화, 신앙과 신학, 교회와 사회의 "경계에서 사유하기"를 멈추지 않기 위한 방법으로서 대화의 형식을 취했다. 그래서 신학 책이지만, 사려 깊은 말 걸기에 가깝다.

이 책은 개신교인인 나에게도 의미가 크다. 가톨릭교회에 다니는 여성들과 교류할 때면 서로 다른 신학을 가진 것 같지만 가부장적 제도 교회에서 분투하는 여성 그리스도인이라는 공통점을 발견하며 반가워

하곤 했다. 이 책은 "가톨릭 전통과 페미니즘의 만남"을 표방하지만 개신교인인 나에게도 가부장적 제도 교회에서 그간 고민하고, 질문해 온 신학적이며 실존적 대화를 할 수 있는 보드랍고 단단한 대지다. 이 책 덕분에 먼 친척과도 같던 가톨릭 신학과 전통을 이해할 수 있게 되었고, '여성신학'을 중심으로 가톨릭과 개신교 페미니스트들의 연대 가능성을 상상해 볼 수 있게 되었다.

이 책이 모두에게 반가운 초대장이 되었으면 한다. 페미니즘과 여성신학은 "끊임없이 질문하고 사유하여 평등의 외연을 넓혀나가는 과정"이라는 저자의 고백에 "아멘~!"으로 화답하고 싶다. 이 책을 읽고 마음껏 의심하고, 질문하고, 대화하는 모임이 많이 생기면 좋겠다. 그런 과정에서 저자가 말한 "창조적 상상력과 기억과 재구성의 신학"이 우리를 더 나은 페미니스트 그리스도인으로 이끌 것이다. 이 책이 페미니즘과 종교의 관계와 공유 가능성을 탐구하고자 지난한 과정을 겪고 있는 모든 이들에게 "당연의 세계[1]"에 틈을 내고, 사유의 지경을 넓히는 용기가 되길 바라며 추천한다.

---

1 김승희 〈세상에서 가장 무거운 싸움 2〉, 《세상에서 가장 무거운 싸움》(세계사)

책머리에

각자 서있는 위치를 딛고, 서로의 차이점을 인정하며

이 책은 2022년부터 2024년까지 우리신학연구소의 계간지 《가톨릭평론》에 〈가톨릭과 페미니즘〉이란 제목으로 연재한 글 열두 꼭지를 모은 것이다. 연재를 시작하기에 앞서, 이미 개신교 신학자들이 여성신학에 관해 좋은 책을 많이 쓰셨고 훌륭한 번역서도 많은데 굳이 새롭게 쓸 필요가 있을까, 혹은 내게 그럴 자격이 있을까 고민했다. 그럼에도 용기를 내었던 이유는 어떤 긴박함 때문이다.

수년 전부터 한국 사회의 심각한 문제로 대두되기 시작한 소위 '젠더갈등'은 2024년 내란사태와 더불어 더욱 극단적인 양상을 보이고 있다. 남녀의 대립각을 강조하며 서로를 공격하고 비난하는 방식으로는 이 문제가 결코 해결될 수 없다. 그보다는 우리사회 힘의 질서가 어떠한 방식으로 남성과 여성과 성소수자 모두를 억압하고 있는지 분석하며 일상의 언어로 풀어내려는 시도가 절실하게 요구된다.

이러한 갈등국면에서 교회는 어떤 역할을 해야 할까? 복음에 기초한 신앙의 원래 모습으로 돌아가야 하는 것이 그리스도인의 지침이 되는 삶의 원칙이라면, 폭력과 억압이 가득한 세상에서 살아가는 우리에게 복음은 무엇을 가르치고 있을까? 모두의 삶을 힘들게 하는 권력체계의 골격인 가부장제에 대해 교회는 어떤 입장을 견지해야 할까? 이러한 질문들에 가톨릭 신앙인이자 신학자인 나의 고민과 고백을 나누고 싶었다.

연재를 시작하면서, 그리고 한 권의 책으로 묶게 된 지금까지도 마음에 품고 있는 원칙은 여성신학의 새로운 개념과 이론을 소개하기보다, 여성신학 고전들을 통해 이미 알려졌지만 소통되지 않았던 개념과 이론을 주로 다루되, 전달하는 방식을 달리 해보는 것이었다. 선언적인 글이나 '우리끼리' 자족하는 글보다, 나의 주장을 덜 밀고 나가더라도 교회 내 서로 다른 구성원들이 서로 경청하고 대화하게 해주는 글을 쓰고 싶었다.

학술공간에서는 토론이 되었지만 아직 교회의 삶과 신자들의 일상으로 들어오지 못한 여성신학의 논의들을 일상의 언어로 풀어, 처음 여성신학을 접하는 분들도 어렵지 않게 개념을 이해하고 자신의 삶과 연결할 수 있기를 바라며 썼다. 각 장의 끝에는 더 깊이 생각해 볼 질문들을 달아 토론으로 이어지게 했고, 참고자료로 가톨릭교회의 여성관련 문헌 목록, 교회 안팎의 여성과 성소수자 관련 단체 목록, 지금까지 출판된 한국어 여성신학 도서 목록, 성폭력 피해자들을 위한 매뉴얼과 관련 단체 목록을 첨부했다. 한국 가톨릭교회사의 빛나는 여성지도자들을 위한 꼭지를 따로 마련하지 못한 것이 끝내 아쉽다. 그 부분에 관해서는 선후배 연구자들의 업적에 기대어 본다.

함께 읽고 고민해주실 분들께 두 가지 양해와 당부의 말씀을 드리고 싶다. 가부장제 사회에 존재하는 권력관계의 복잡한 그물망 아래서는 생물학적 여성이라 할지라도 얼마든지 다른 여성과 남성과 성소수자를 억압하는 권력자로 존재할 수 있다. 글 쓰고 강의하는 '특권'을 가진 나의 목소리가 그렇지 못한 많은 분들의 목소리를 규정하고 억누를 가능성 또한 당연히 존재한다. 그러니 여성신학을 처음 접하는 분들께 이 책이 안내서 역할을 하기를 바라는 마음은 있지만, '교과서'로 읽히는 것은 모쪼록 피하고 싶다. 책을 읽으신 분들이 비판과 도전을 많이 던져주시면 좋겠다. 그리하여 이 책이 서로 다른 경험과 생각을 나누며 페미니즘과 여성신학의 논의를 풍부하게 하는 마중물이 될 수 있다면 좋겠다.

또한, 페미니즘과 여성신학은 사회 구성원 모두가 해방을 경험할 수 있는 세상을 지향하지만, 단일한 목표를 설정하여 종착점을 찾는 캠페인이 아니라는 것을 기억해 주시면 좋겠다. 페미니즘과 여성신학은 세상과 교회 속에서 각자 서있는 위치를 딛고, 서로의 차이점을 인정하며 끊임없이 질문하고 사유하여 평등의 외연을 조금씩 넓혀나가는 지난한 과정이다. 그러니 이 책을 읽으시는 분들은 교회와 세상이 바뀌지 않는다 해서 쉬이 절망하지 않으시기를 바란다. 대신, 이 책을 통해 함께 넘어지고 함께 일어나는 동료들을 만나고 그들과 삶을 나누는 기쁨을 찾으시기 바란다.

나는 신학자다. 종교 간의 경계를 뛰어넘는 활동이 갈수록 절실해지는 시기에 종교학과 신학을 구분하는 기준은 다양하겠지만, 나는 두 학문의 가장 큰 차이가 관찰자의 입장으로 다양한 종교현상을 바라보며 진리를 탐구하는가(종교학), 구체적인 공동체의 구성원으로서 자신의 위치를 설정하며 그 공동체의 성숙과 변화를 지향하는가(신학) 라고 생각한다. 신학은 본질적으로 사목과 분리될 수 없고, 신학자는 자신이 속한 공동체의 삶의 자리와 언어를 딛고 사유하는 까닭에 그 공동체의 명암에 영향을 받을 수밖에 없다. 종단과 교단을 가로질러 함께 고민할 공동의 언어와 사유 틀을 찾아내는 종교학의 역할은 덧붙여 말할 필요가 없을 정도로 중요하다.

하지만 나는 신학자이므로, 교회의 명암 속에서 나의 글과 말을 길어낸다. 제도 교회 테두리 밖에서 할 일이 더 많을 텐데 때로 마음 상하고 적잖이 소통 불가능을 겪으면서도 왜 아직도 교회에 기대하는가 묻는 동료들이 가끔 있다. 어떤 기대 때문이라기보다는 '교회'라는 이름으로 모인 사람들 때문인 것 같다. 제도로 인해 상처 받지만 또 그로 인해 서로의 상처를 이해하며 함께 모이는 사람들 말이다. 나는 내 사유와 언어가 그 징글징글하게 어여쁘고 못난, 부서질 듯 약하면서도 지독하게 질긴 삶들 속에서 만들어지고 또 그 삶으로 돌아갔으면 좋겠다.

이 책이 나오기까지 너무도 많은 분들의 수고와 도움이 있었다. 연재를 열어주시고 마칠 때까지 지지와 격려를 아끼지 않으셨던 우리신학연구소 선생님들, 특히 《가톨릭평론》 편집장님께 감사드린다. 쉽지 않은 결정이었을 텐데 책으로 묶을 수 있도록 기꺼이 손잡아주신 삼인출판사에도 감사드린다. 많은 통찰과 가르침을 주신 한국과 미국의 여성 신학자들과 연구자들, '예여공(예수님과 여성을 공부하는 가톨릭신자들의 모임)' 회원들과 《가톨릭뉴스 지금여기》 기자님들께도 감사드린다. 일상과 학문을 넘나들며 많은 것을 나누는 '인사동만드레' 언니들, 사유의 폭을 넓혀 주시며 머무르지 않고 계속 써나가도록 격려해주시는 신학 길벗 '삼수방' 선생님들, 한국과 미국을 오가는 거리가 무색하게 기도로 삶을 나누는 기쁨을 일깨워 주시는 기도모임 '화톳불' 선생님들, 읽는 행위를 통해 경이로움과 감사함을 나누는 '고전문학읽기모임' 선생님들, 그리고 글 쓰는 이로서의 본분을 늘 아프게 깨닫게 해주시는 글쓰기모임 '행간' 선생님들께도 감사드린다.

원고를 한 꼭지씩 마칠 때마다 불쑥 읽어 주시기를 청하며 많은 분들을 귀찮게 해드렸다. 마다않고 교정을 해주시며 의견을 나누어주신 모든 분들께 감사드린다. 그중에는 조심스러워하는 내게 오히려 더 큰 용기를 내도 좋다고 지지해주신 신부님들도 계신다. 교회 안에 서있는 위치가 서로 다르더라도, 또 의견의 차이가 있을지라도, 우리는 이렇게 서로에게 살갑고 든든한 벗이 될 수 있다. 사랑을 포기하지 않는다면 말이다.

2025년
조민아

차 례

추천사
책머리에

1부 대화의 시작

1. '한국형 페미니즘'과 반反 페미니즘
   페미니즘과 한국 사회   25
2. 온전함을 추구하는 건강한 도전
   페미니즘과 가톨릭교회, 그리고 여성신학   41

2부 여성신학을 통해 읽는 성경과 교리

3. 성경은 폭력과 차별을 가르치는가
   구약의 하느님과 성폭력   61
4. 가톨릭교회와 여성지도력
   신약의 지도자들   77
5. 역설과 재전유를 통한 해방의 메시지
   여성신학적 그리스도론   95
6. 내어주고 나누는 삶을 향한 부름
   삼위일체 교리와 여성신학   115
7. 몸으로 살아가는 교회
   제2차 바티칸공의회의 교회론과 여성   131
8. 그 여성 마리아
   여성신학자들의 마리아론   151

3부 열린 대화의 가능성

9. "누가 내 어머니고 누가 내 형제들이냐"
성가정과 가족의 진화 167

10. '간청하는 믿음'으로 한 발자국 더 나아가기
동성애에 관한 여성신학적 성찰 185

11. 경계에서 길 찾기
가톨릭교회와 재생산권 205

12. '쇄신'과 '단절'의 기로에서
여성사제 서품 223

주 239
참고자료 259

1. 여성에 관한 교회 문헌
2. 여성신학 도서목록
3. 여성단체 목록과 연락처
4. 여성신학 관련 단체들
5. 한국 성소수자 관련 단체 목록
6. 성폭력 대체 매뉴얼과 성폭력 피해자 지원 단체 목록

1부 대화의 시작

1장

'한국형' 페미니즘과 반反 페미니즘
페미니즘과 한국 사회

　우리는 참 슬프고도 이상한 세상에 살고 있다. 실업이 일상화되고 부채가 증가하며, 소득은 턱없이 부족하고, 소비에는 많은 제약이 따르며 취업, 병역, 결혼 등 진로에 대한 부담으로 정신적 피로감 또한 가중되는 '5중고'를 겪는 청년들이 성별로 나뉘어 서로를 물어뜯는 세상이다.[1] 여의도에 있는 '남자어른' 대표 주자들은 노동, 기후위기, 사회적 안전망 등을 주제로 건설적인 토론을 벌이고 대안을 고민해도 부족할 판에 성별 갈라치기를 하며 갈등과 논란을 부추기고 있다. 모두에게 닥친 위기의 본질은 생존권을 박탈하고 생명의 존엄성을 무시하는 차별과 불평등과 부정의인데, 왜 이른바 '젠더갈등'이 21세기 대한민국에서 가장 뜨거운 이슈가 되었으며, 페미니즘이 마치 사회적 적폐인 것처럼 여겨지게 되었을까. 또 가톨릭교회는 이 논란의 스펙트럼에 어디쯤 서있을까.

출산과 임신중지, 피임, 결혼, 이혼, 여성사제 등 민감한 사안에서 가톨릭교회의 전통적인 입장과 페미니즘은 분명 갈등을 일으킨다. 그리고 안타깝게도 교회는 이 '젠더갈등' 국면에서 여성들에게 안전한 공간이 아니다. 팬데믹과 기후위기, 전쟁과 파시즘, 폭력과 혐오와 증오가 갈수록 심각해지는 세상에 대한 불안과 위기감이 반영된 탓인지 교회의 '전통에 근거한 신앙'을 강조하는 목소리들이 부쩍 커졌다. 물론 한치 앞이 불확실한 상황에서 신앙공동체의 본질과 정체성을 고민하는 것은 바람직한 현상이지만, 문제는 이렇듯 교회의 전통과 정체성을 강조하는 목소리가 대부분 페미니즘을 '이데올로기'로 단정하고 교회의 가르침과 함께 갈 수 없는 것으로 규정한다는 것이다. 불편한 시각은 쌍방향으로 오고 간다. 적지 않은 페미니스트들 또한 교회를 여성에게 위험하고 해로운 공간이자 가부장제 이데올로기를 재생산하는 근거지로 간주한다. 과연 페미니즘은 가톨릭교회와 공존할 수 없으며, 양자택일의 문제가 되어야 할까? '가톨릭 페미니스트' 혹은 '페미니스트 가톨릭'이란 형용모순에 불과할까? 엉킨 실타래를 어디서부터 풀어야 할까? 페미니즘과 여성신학에 대한 신자들의 불편함은 한국 사회에 팽배한 반反페미니즘 정서와 무관하지 않다. 소위 '이대남(이십대 남성)' 현상이라 불리는, 페미니즘을 '남성차별주의'라 간주하는 20대 청년 남성들의 분노부터 살펴보자.

'젠더갈등'과 '한국형' 페미니즘

제한된 경험이긴 하지만, 이제 20대 중반이 되는 조카를 비롯해 이제껏 내가 만나본 이른바 '이대남'들은 페미니즘 자체에 격렬한 반감은 없었다. 그들은 남성과 여성이 각기 '다른' 차별을 경험한다고 생각했으며, 젠더공방에 대해서는 비생산적이고 비현실적이며 피곤해서 끼어들기 싫다고 했다. 물론 반페미니즘 정서는 분명 존재하고, 반대를 넘어 여성에 대한 증오와 폭력으로 변질된 현상은 심각하게 다루어야 하지만, 언론을 통해 보도되는 과격한 목소리가 20대 청년 전반의 젠더감수성을 대변하는 것 같지는 않다. 이런 의미에서 '이대남' 혹은 '이대녀'라는 용어를 계속 쓰는 것도 자제해야 할 것이다. 갈등에 대한 책임은 돌출되는 목소리들을 부각해 불순한 이득을 얻으려는 정치인과 언론에 있다. 그러나 극단적인 '젠더갈등' 논쟁에 회의적이더라도, 많은 20대 청년들이 거부하는 것이 있다. 이른바 '한국형 페미니즘'이다. 대체 이 한국형 페미니즘이란 무엇을 가리키는지, 이 단어가 내포하는 거부감의 층위와 근원을 살펴보자.

여성들이 처한 현실이 다양하고 복잡한 만큼, 페미니즘도 다양한 사고와 각양각색 실천의 흐름을 만들어왔다. '한국형 페미니즘'은 이렇듯 다양한 페미니즘 중에서도 '급진주의 페미니즘(radical feminism)'과 '자유주의 페미니즘(liberal feminism)'이 지배적인 목소리로 작동하는 페미니즘이다. 우선, 페미니즘에 대한 가장 직접적인 거부감은 급진주의 페미니즘에 대한 반감에서 비롯된 듯하다. 급진주의 페미니즘은 2015년 '메갈리아', '워마드'로 이어지는 페미니스트 그룹이 남초사이트인 '일간베스트저장소'와 '디씨인사이드'의 몇몇 갤러리에 만연한 여성혐오에 맞서기 위해 채택한 미러링mirroring전략[2]을 계기로 여성학과 여성운동에서 크게 부상하기 시작했다.

급진주의 페미니즘은 폭력과 여성에 대한 억압이 가부장제의 본질이며, 따라서 극복할 수 없다고 판단하고, 남성을 배제한 여성들만의 공동체를 강조하는 분리주의 경향을 띤다. 이 입장에 동조하는 페미니스트들은 성폭력 단절을 여성운동이 추구해야 할 목표로 삼고 성매매, 포르느그래피 등 가시적이며 명확한 성폭력뿐 아니라 남성과의 성관계, 연애, 결혼 등 모든 일상적 관계맺음 속에도 여성에 대한 성폭력이 존재한다고 주장하며, 그 폭력은 가부장적 사회구조 안에서는 개선될 수 없다고 본다. 즉 남성과 여성의 기본적 관계를 적대적인 것으로 전제하며, 남성을 변화 불가능한 폭력적 집단으로 간주하는 것이다.

대안을 제시하기보다 분노를 일으키는 방식으로 가부장제에 저항하는 급진주의 페미니즘에 대한 반감은, 페미니스트에 대한 전형성이 만들어지고 부정적인 이미지가 양산되며 혐오감이 촉발되는 근거가 되었다. 페미니스트에 대한 거부감을 표현할 때 흔히 등장하는 '모든 남성을 잠재적 가해자로 취급한다'는 표현은 급진주의 페미니즘에 대한 청년 남성들의 거부감과 억울함을 요약한다. 일부 남초커뮤니티에서 촉발하고 정치인과 언론이 바통을 넘겨받은 소위 '집게손가락 논쟁'은 한국 사회 젠더갈등 프레임이 얼마나 심각한지 잘 보여준다. 오로지 혐오를 목적으로 주조되는 이런 소모적인 논쟁은 여성과 남성, 누구의 삶에도 도움 되지 않으며, 현실의 차별과 폭력을 오히려 묻어버린다.[3]

하지만 급진주의 페미니즘에 대한 거부감 하나만으로는 반페미니즘 정서가 한국 사회에서 어떻게 일상화되었는지, '한국형 페미니즘'이 왜 분열의 이데올로기로 인식되는지 설명할 수 없다. 급진주의 페미니즘은 공적·정치적 영역에서 실질적인 영향을 미치기보다 상징적 차원에서 일상의 관계를 재조명하는 데 집중하므로, 불편하더라도 피부에 닿는 위협이 되지는 않기 때문이다. 대중이 페미니즘을 '혐오하는' 핑계를 제공할 수는 있겠지만, 한국 사회의 반페미니즘처럼 대중적인 흐름을 만들어내기에는 실질적인 효과가 약하다는 말이다. 이 흐름을 작동하게 하는 것은 급진주의 페미니즘에 대한 반응이라기보다 자유주의 페미니즘에 대한 불안과 위기감이다.

자유주의 페미니즘은 여성의 권리 및 기회의 평등이라는 초창기 페미니즘의 주류 사상으로, 기존의 사회구조를 바꾸지 않고 여성들이 공정한 경쟁을 통해 남성과 동등한 권리를 가져야 한다는 점에 우선순위를 둔다. 페미니즘에 대한 또 다른 거부감 표현인 '역차별', '여자도 군대 가라', '페미니스트들은 입으로는 가부장제 반대한다고 하면서 실제로는 가부장제에서 여성에게 유리한 것만 취득하고 의무와 책임을 지지 않으려 한다'는 등의 발언은 바로 이 자유주의 페미니즘에 대한 노골적인 불만을 담고 있다. 20대 청년 남성들은 능력주의 측면에서 기회의 평등을 주장하는 '공정' 이데올로기에 가장 공감하는 세대다. 이들은 여성들 못지않게 혹은 여성보다 더욱, 자신이 차별의 희생자라고 생각하고, 자신에게 돌아올 수 있었던 권리와 기회를 여성들이 '공정치 못한 방식'으로 갈취한다고 느끼기에 이에 대한 분노를 표현하는 것이다.[4]

권리를 박탈당하고 공정한 경쟁에 나서지 못한다고 생각하는 데서 오는 불안과 분노가 '한국형 페미니즘'에 대한 거부감의 핵심이며, 우리 사회 이른바 '젠더갈등'의 뇌관인 듯하다. 그러므로 지금 우리가 경험하는 젠더갈등은 사실 표면으로 떠오른 현상에 불과하며, 그 실체는 소수의 승자만이 기회와 권리를 독점하는 신자유주의 질서 내의 차별과 불평등에 있다. 노동과 일상에 촘촘하게 파고들어 남녀 격차뿐 아니라 남남, 여여 격차 또한 확대하는, 내가 살아남으려면 한 사람이라도 더 따돌려야 한다고 믿게 하는 그 이데올로기 말이다. 젠더차별은 이 이데올로기에 의해 가장 공고화되는 억압기제 중 하나다.[5]

'한국형 페미니즘'이 문제라면?

겉으로 드러난 한국형 페미니즘과 반페미니즘은 적대적인 듯하지만 공통분모가 있다. 단순화의 위험을 무릅쓰고 말하자면, 이 둘은 '모든 남성 대 모든 여성'의 구도 속에서 젠더차별을 인식한다. 이러한 이분법적·결정론적 시각의 문제점은 젠더차별이 사회의 다른 차별과 억압의 기제와 연동하는(intersectionality, 교차성) 현실을 가리고, 특히 신자유주의 아래 평등한 기회와 공정성이라는 구호의 한계와 허상을 드러내지 못한다는 데 있다. 무엇보다 '모든 남성'과 '모든 여성'이라는 이분법적 구도는 이론에서나 존재할 뿐 현실에는 없다. 여성 개개인은 물론 남성 개개인도 교육, 경제, 출신, 인종, 문화, 이성애 중심주의, 건강 불평등 등으로 발생한 다수의 구조적 차별 이데올로기들이 종횡으로 교차하는 지점(intersectionality)에 살고 있으며, 이 교차점에서 서로 다른 종류와 무게의 억압을 경험하며 살아간다.

이렇듯 전방위적으로 삶을 억누르는 다양한 차별과 억압의 기제가 모두 제거된 진공상태로 존재하는 순수하고도 독립적인 가부장제의 모순은 존재하지도 않거니와, 이러한 가상현실 속에서 추구하는 여성의 권리는 '모든 여성'이 아닌, 극히 일부의 여성만이 누리는 특권이다. 이렇게 주어지는 권리와 평등은 오히려 중층의 억압을 경험하는 대부분의 여성이 겪는 차별을 심화하는 동시에 소수의 특권층 여성이 이룬 성공을 마치 여성 전반의 권리가 신장된 것처럼 왜곡해 남녀갈등을 부추긴다.

한국형 페미니즘이 이런 양상으로 드러나고 있다면, 이를 폐기해야 할까? 반은 맞고 반은 틀리다. 급진주의와 자유주의가 때로 과격한 모습을 보이고 한계가 있다 해도, 이 두 입장은 가부장제, 즉 여성에 대한 차별과 억압의 사회구조를 다른 사회적 구조에 종속시켜 다루지 않고 그 자체로 단일하고 고유한 역사를 가지는 것으로 인식한다는 점, 여성들이 경험하는 차별 중에서도 가장 위험하고 취약한 부분을 드러내고 저항한다는 점에서 폐기처분할 수 없는 고유의 역할이 있다. 한국 사회에서 여성에 대한 차별과 폭력은 분명 존재하며, 오히려 새로운 형태로 진화하고 있다. 2023년 6월 유엔 산하 유엔개발계획(UNDP)의 젠더사회규범지수(GSNI) 보고서를 보면, 한국은 성평등 인식이 10년 사이 가장 많이 악화된 국가 중 하나다. 2020년 성착취 'N번 방' 사건을 비롯해 새로운 형태로 진화하는 여성에 대한 디지털범죄 등을 보면 알 수 있다.[6]

남성들 본인이 여성에 대한 성차별과 폭력을 직접 행사하거나 목격하지 않았다고 해서 없는 것으로 치부할 수는 없다. 술자리와 단톡방에서, 온라인뉴스 댓글을 통해 아무렇지도 않게 여성을 대상화하고 외모를 품평하는 행위를 성차별과 폭력이라고 인식하지 못하는 무지 또한 문제다. 급진주의 페미니즘과 자유주의 페미니즘만을 페미니즘의 전부로 표현하거나 인식하는 것은 지양되어야 하며, 다양한 페미니즘의 시각을 접하며 시야를 확장하고 편견을 제거할 수 있도록 체계적인 교육이 뒷받침되어야 한다. 하지만 페미니즘 내의 다양한 입장은 필요한 것만 취사선택할 수가 없다. 각각의 입장이 담보하는 고유한 경험을 존중하고, 때로 실패와 오류가 따른다 해도 대화를 통해 조율하고 함께 진화하며 성장하는 것이 페미니즘이다.

'한국형 페미니즘'보다 더 큰 문제는 페미니즘을 수치적 평등을 위한 것으로, 남성과 여성을 편 갈라 이기고 지는 싸움으로 보는 시각이다. 페미니즘은 많은 이가 오해하는 것처럼 단순히 여성의 권리를 남성과 양적으로 동등하게 만들려 하거나, 남성중심의 사회를 전복하려는 이데올로기나 정치적 입장이 아니다. 페미니즘은 분명히 존재하는 차별과 폭력을 자연스럽게 여기는 사회에서 그 '자연스러움'을 의심하고 새로운 질문과 사유의 형태를 제안하는 움직임이다. 페미니즘은 또한 모든 인간의 존엄성을 위한 삶의 기본적 조건, 즉 인간이 태어나 죽기까지 생각하고, 판단하고, 말하고, 다른 이들과 공동체를 이루며 사는 데 필요한 삶의 양식을 성별과 성정체성에 치우치지 않게 하려는 운동이다. 여성을 위한 운동이 아니라 여성과 남성이 함께 사는 세상을 위한 운동이며, 여성과 남성 모두 온전한 노동과 일상을 회복하여 서로 돌보는 사회를 만들어가려는 운동이다.

가톨릭교회와 페미니즘

페미니즘을 단순히 여성의 권리를 위한 이념으로 보는 시각은 교회 내에도 존재한다. 여성사제 서품 논의를 비롯해 교회에서 여성 참여 확대를 주장할 때 흔히 접하는 반응은 '여성에게는 여성의 역할과 자리가 있고, 하느님은 모든 것을 귀하게 여기신다'라는 것이다.

교종 프란치스코Francis 또한, 2013년 7월 22일 세계청년대회를 마친 뒤 기자회견에서 "성모 마리아가 사도들보다 중요한 사람인 것처럼, 오늘날 교회의 여성들도 주교나 신부보다 중요한 존재다"라고 말했다.[7]

교종이 아르헨티나의 추기경이던 시절에는, 부에노스아이레스의 라틴아메리카 랍비신학교 학장이며 랍비인 아브라함 스코르카와 여성사제직을 주제로 한 대담에서 페미니즘에 대한 불편함을 직접적으로 표현하기도 했다. 교종은 "가톨릭교회에서 여성이 성직자가 될 수 없다는 사실이 여성이 남성 아래 있다는 것을 의미하지는 않는다"라고 말하며 "페미니즘은 그것을 옹호하고 주장하는 이들에게 어떤 이익도 가져다주지 않는다. 그것이 오히려 여성들을 보복적인 투쟁의 장으로 몰아넣기 때문이다"라고 했다.[8]

이렇듯 교회에 널리 퍼져있는 페미니즘에 대한 인식을 어떻게 바라볼 것인지는 다음 장에서 이어가보겠다.

더 생각해 볼 질문들

- 가톨릭교회 내의 전통적 권위와 페미니즘이 갈등하는 이유는 무엇일까? 이러한 갈등이 한국처럼 보수적인 문화에서는 어떻게 증폭되는지, 그리고 이러한 문화적 요소가 페미니즘에 어떤 영향을 미치는지 생각해 보자.

- 한국 사회에서 반페미니즘 감정의 확산에 기여한 미디어와 대중문화의 역할은 무엇일까? 미디어가 급진적 페미니즘과 여성운동을 어떻게 왜곡하는지, 그로 인해 어떻게 페미니즘에 대한 부정적 인식이 형성되는지 구체적으로 살펴보자.

- 페미니즘이 한국 사회의 전통적 가치관 및 유교적 가부장제에 어떤 과제를 제시하는가? 유교적 가치가 여전히 뿌리 깊은 한국 사회에서, 페미니즘이 사회적 변화와 저항을 어떻게 이끌어낼 수 있을지 논의해 보자.

- 신자유주의가 젠더 불평등을 강화하는 방식은 무엇일까? 신자유주의적 경제구조가 어떻게 여성과 소수자를 더욱 취약하게 만드는지, 이러한 구조가 젠더 불평등의 재생산에 어떤 역할을 하는지 살펴보자.

- 교회가 남성과 여성 모두에게 더 포용적이고 평등한 환경이 되려면 어떤 구조적 변화가 필요할까? 교회 내에서 변화를 이끌어내는 데 필요한 구체적 행동이나 정책을 제안해보고, 그 변화가 남녀 모두에게 어떠한 영향을 미칠지 분석해 보자.

- '한국형 페미니즘'은 다른 사회의 페미니즘과 어떻게 다른가? 한국형 페미니즘의 특징은 무엇인가? 이러한 현상이 다른 국가와 사회에도 나타나는가?

2장

온전함을 추구하는 건강한 도전
페미니즘과 가톨릭교회, 그리고 여성신학

나는 가톨릭 신자이고 신학자이며, 가톨릭 계통의 대학교에서 신학과 영성학을 가르친다. 페미니즘과 여성신학은 내가 가르치는 수업에서 빼놓을 수 없는 방법론이다. 나는 학생들과 함께 여성신학자들의 저술을 읽고, 여성신학 방법론으로 성서를 해석한다. 내가 가르치는 교과과정을 공개하면 늘 따라오는 질문이 있다. '가톨릭 신자이자 교육자로서 가져야 할 신앙과 의무가 페미니즘과 충돌을 일으키지 않는가?' 교회의 가르침에 대해 갈등을 느끼고 모순을 발견할 때 우리나는 불편한 마음 혹은 죄책감이 신앙을 해치거나 학생들에게 올바르지 않은 신앙관을 심어줄지도 모른다는 의구심이 감지되는 질문이다. 질문자 스스로가 느꼈던 고민과 두려움도 반영되었을 것이다. 과연 의심과 비판적 사고는 신앙과 함께 갈 수 없을까?

하느님의 계시를 인간의 체험과 이성을 통해 이해하려 할 때는 갈등과 모순이 생기기 마련이다. 인간은 유한한 존재이기 때문이다. 그러나 갈등과 질문은 신앙의 적이 아니라 신앙의 일부다. 신앙은 의심과 모순을 외면하기보다 그 원인을 깊이 들여다볼 때 성숙한다. 고민 없는 신앙은 삶에 뿌리내리지 못하고 독선과 아집이 되기 쉽지만, 의심하고 질문하는 신앙은 쉬이 꺾이거나 뿌리째 뽑히지 않는다. 더구나 신학은 '예비신자들을 그리스도 신자생활에 이끌려는 목적'을 가지는 교리교육과 다르다.[1] 신학은 교회가 '보편적인 구원의 진리로 받아들이는 하느님의 계시에 대한 학문적 성찰'이다.[2] 우리가 익히 아는 교회의 가르침 중 신앙과 갈등을 일으키는 부분이 있다면 그 지점을 식별하고, 성경과 전통을 역사적·사회문화적 맥락 속에서 다시 읽어 더 깊고 적절한 해석을 제안하는 것이 신학의 역할이다.

내가 페미니즘과 여성신학을 교과과정에서 빼놓지 않는

이유는 오히려 나의 신앙적 양심 때문이다. 내 수업에 들어오는 10대 후반, 20대 초반의 학생 중 스스로 그리스도인이라고 밝히는 학생들은 3분의1도 되지 않는다. 이들 중에는 시스젠더Cisgender(트랜스젠더Transgender에 대응해 만들어진 용어로, 생물학적 성과 성정체성이 일치하는 사람) 여성이 과반이며 동성애자, 양성애자, 무성애자, 트랜스젠더로 커밍아웃한 학생들도 있고, 자신의 젠더정체성을 이해하려고 치열하게 고민하는 학생들도 있다. 이중 다수가 그리스도교 가정에서 자랐으나, 성장하면서 그리스도교를 비롯한 주류 종교에 실망하여 회의와 적대감을 갖게 되거나 관심을 잃었다. 교회의 성차별과 성에 대한 교회의 가르침에 실망한 것이 가장 큰 이유다.

나는 이 젊은 학생들에게 예수가 선포한 하느님 나라와 그를 따라 살아온 사람들의 삶과 이야기를 가르친다. 나는 "가난한 이들에게 기쁜 소식을 전하고 잡혀간 이들에게 해방을 선포하며 눈먼 이들을 다시 보게 하고 억압받는 이들을 해방시킨"(루카 4.18-19) 예수의 복음에 차별과 위계는 없다고 믿는다. 그리스도인은 '모든 이를 조건 없는 하느님의 사랑으로 부르기 위해 죽음에 이르고 마침내 부활한 그의 파스카 신비'를 증언해야 한다. 그러기에 나는 이 젊은 학생들에게 남성들만의 경험과 언어로 기록된 교회의 전통과 교리를 무조건 믿으라고 가르칠 수 없다. 남성들만 온전한 인간으로 인정하고, 남성들만 의사결정권을 쥐고 있는 교회가 파스카 신비를 살아내는 온전한 교회라고 가르칠 수 없다. 교회의 현실과 미래가 지금처럼 인구 절반 이상의 목소리와 경험이 배제된 채 지속되어야 한다고 가르칠 수도 없다.

그런 의미에서 나는 페미니즘과 예수의 가르침이 적대적 관계라고 생각지 않는다. 페미니즘은 어떤 정치나 학문보다도 사회적 차별에 민감하게 반응하며 다양한 억압의 고리를 드러내고, 서로 다른 이들 사이의 연대와 공존을 모색해온 사유이며 실천이다. 페미니즘은 여성에게만 이익을 주거나 여성들을 '보복적인 투쟁의 장'으로 몰아넣는 이념이 아니다. 세상 누구도 성별, 성적 지향, 인종, 계급, 문화, 장애, 언어, 나이, 학벌, 학력, 지역 등 촘촘한 차별의 네트워크에서 자유로울 수 없다.

페미니즘은 단지 남녀 '양성평등'에 집중하는 것이 아니라, 다양한 스펙트럼 속에 존재하는 젠더정체성이 다른 사회적 차별과 어떤 연관을 갖는지 보게 해준다. 나아가 나와는 생각과 경험이 다른 타자와 소통하고 관계하며 살아가게 도와준다. 신앙인들이 이렇듯 다양한 사회적 문제 속에서 난관에 봉착할 때, 페미니즘은 중심과 주변, 갑과 을의 이분법을 뛰어넘어 고통의 원인과 현상을 보게 해주고, 다른 이들과 연대하여 당면한 문제에 저항하도록 격려한다. 따라서 페미니즘은 교회의 가르침을 무작정 비판하고 거부하는 '위협'이 아니라, 세상 속에서 살아가는 신앙인들이 억압과 사회적 폭력에 순응하거나 희생되지 않으며 복음의 가치를 품고 살아가도록 돕는 사유이며 실천이다.

가톨릭교회의 진정한 전통

그러나 적지 않은 신앙관련 서적과 소셜미디어에 올라온 강연들은 페미니즘이 세상의 이데올로기일 뿐이며, 교회가 세상 모든 요구에 응답할 수는 없다고 주장한다. 이런 의견들은 어떻게 생각해야 할까? 물론 교회는 고유한 정체성과 전통을 갖고 있다. 세상에 있지만 세상에 속하지 않으며, 빛과 소금이 되어 세상을 변화시키는 존재로 살아가는 것이 그리스도의 몸 된 교회다(마태 5,13-14). 문제는 위의 의견들이 주장하는 대로, 교회가 세상의 이데올로기와 갈등과 마찰을 피할 수 없다는 것이다. 이천년 역사 속에서 교회는 이러한 갈등과 마찰을 겪어왔고, 안타깝게도 교회의 역사와 전통은 세상의 이데올로기인 가부장제의 영향을 피할 수 없었다.

가부장제는 예수의 복음이 아니다. 바오로 사도가 명확하게 표현했듯 "유다인도 그리스도인도 없고, 종도 자유인도 없으며, 남자도 여자도 없이 모두 그리스도 예수님 안에서 하나"(갈라 3,28)라는 평등의 메시지가 예수의 복음이다. 힘 있는 이들의 시각으로 세상을 보고 권력을 분배하는 가부장제는 오히려 예수의 가르침을 위반하는 이념이다. 전통과 성서를 비평하는 궁극적인 척도는 무엇보다도 그리스도 예수를 통해 드러난 하느님의 사랑이 되어야 한다.

가톨릭 신앙과 페미니즘을 선택의 문제로 보는 이들은 교회가 이제껏 유지하고 발전시켜온 전통의 의미를 오해하는 경우가 많다. 제2차 바티칸공의회에 큰 영향을 끼친 이브 콩가르Yves Congar 추기경은 전통을 보수주의를 넘어선 '연속성'이자, 교회의 역사를 관통해 새로운 흐름을 만들어내는 '운동과 진전'이라고 정의한다.

그의 글을 인용해 보자.

"전통은 교회가 수세기를 통해 고양해온 긍정적 가치를 포함하고 보존하지만, 이는 단순히 과거를 반복하기 위한 것이 아니라 진전의 토대를 마련하기 위한 것이다. 그런 의미에서 전통은 기억이다. 기억은 우리의 경험을 풍요롭게 한다. 아무것도 기억할 수 없다면 앞으로 나아갈 수 없다. 그러나 우리가 과거를 반복하며 노예처럼 묶여있을 때 또한 한 발짝도 나아갈 수 없다. 진정한 전통은 복종이 아니라 신실함이다."[3]

즉, 전통은 단순히 교리를 보존하고 수호하는 변함없는 틀이 아니라, 역사를 통해 배운 긍정적 가치를 매개로 과거와 현재를 연결하는 유기적 통로라는 뜻이다. 따라서 전통을 이해하는 데 출발점이 되는 것은 과거의 유산뿐 아니라 우리가 살아가는 지금 여기, 우리 시대의 상황이다. 또한 전통을 이어간다는 것은 복음에 대한 교회의 가르침을 있는 그대로 보존하고 단순히 반복하는 것이 아니라, 복음을 당대의 언어로 번역하고 삶으로 살아내는 것이다. 오로지 시대와의 대화와 조응을 통해서만 사목적 고민에 생생하게 응답할 수 있고, 신자들의 삶에 살아있는 영향력으로 전통을 이해할 수 있다. 예수가 유대교의 가르침을 창조적으로 해석해 복음을 선포했던 것처럼, 사도들이 유대교와 긴장을 유지하며 그리스-로마 문화를 탄력적으로 적용해 복음을 전파했던 것처럼 말이다.

복음의 메시지와 교회의 가르침이 시대와 삶과 신앙에

더 이상 역동적으로 작용하지 않을 때 나타나는 것이 '전통주의'라는 퇴행적 가치다. 옛 가치에 대한 보존과 반복만이 최선이라 믿으며 질문하거나 대화하지 않는 전통주의는 교회가 계승해온 전통이 아니다. 가톨릭교회는 신앙을 기반으로 전통과 시대의 상황을 탄력적으로 조명하고 성찰하면서 성장해왔다. 세상을 향한 교회의 태도는 제2차 바티칸 공의회를 이끈 기본 논거 중 하나인 '시대의 징표(Signum temporis)'에 관한 전망에 잘 드러나 있다. 「사목헌장」 11항은 이렇게 서술하고 있다. "하느님의 백성은 온 누리에 충만하신 주님의 성령께 인도되고 있음을 믿는 그 신앙에 따라, 현대의 다른 사람들과 함께 참여하는 사건과 요구와 염원 안에서 하느님의 현존과 그 계획의 진정한 징표가 무엇인지 알아내려고 노력한다."

여기서 '시대의 징표'라는 개념은 그리스도의 가르침을 따라 살아가려면 동시대 사람들과 연대해야 하며, 역사 안에서 발견하고 경험하는 현상에 주목하고, 이를 복음의 빛으로 해석해야 하는 교회의 의무를 일컫는다. 인간과 세상에 대한 부정적인 선입견과 폐쇄성을 극복하고 세상과 대화하는 교회, 세상으로 열린 교회를 지향하며 우리 신앙의 의식세계를 바꾸어야 한다는 뜻이다. 과학과 의학, 그리고 철학으로 인간을 이해하는 것이 규범이 된 오늘날 세상에서 전통주의에 갇혀 화석화된 교리를 고수한다면, 우리는 그리스도인으로서 의무를 다할 수 없다. 프란치스코 교종이 강조한 시노달리타스synodalitas는 공의회의 정신을 이어받아 '대화, 경청, 식별'을 교회의 지침이 되는 영적 원리로 제시한다. 시노달리타스는 가톨릭교회의 '모든 구성원'이 함께하며 상호 경청하고 신앙 감각으로 식별하는 가운데 이루어지는 교회활동이다.

가톨릭교회와 여성신학,
낡은 사고방식과 생활방식을 뛰어넘는 기회

여성신학은 공의회와 시노달리타스의 가르침에 따라, 교회의 전통과 시대의 징표를 연결하고 조율하는 중요한 역할을 맡고 있다. 가톨릭 여성신학자들은 예수가 선포한 복음을 따르며 하느님의 몸 된 교회의 구성원으로서 이 역할을 수행한다. 여성신학은 예수의 복음이 남녀 모두에게 선포된 해방의 복음이었음을 전제한다. 페미니즘이 여성만을 위한 정치가 아니듯, 여성신학 또한 여성들만 하는, 여성만을 위한 신학이 아니다. 예수의 부활을 처음으로 증언한 이들은 여성사도들이다. 이는 복음의 전승이 여성의 삶과 신앙

없이는 불가능했음을, 그리고 앞으로도 불가능하리라는 사실을 보여준다. 이렇듯 가톨릭 여성신학은 교회의 역사에서 사라진 여성의 역사를 복원하고, 교회의 의사결정구조에서 제거된 여성의 목소리를 살려내 반쪽짜리 전통으로 이제껏 유지되어온 교회의 전통을 온전한 전통으로, 온전한 삶의 전승으로 재건하는 신학이다. 따라서 전통은 여성신학의 걸림돌이 아니라 비옥한 토양이며, 여성신학은 전통을 거부하는 이념이 아니라 전통과 시대가 함께 호흡하도록 돕는 동반자다.

여성신학의 자원은 복음과 교회의 전통에 대한 여성의 경험이다. 여성신학은 여성의 경험이 존중되어야 함은 물론, 복음과 전통을 재해석하고 전달하는 적극적인 목소리가 되어야 한다고 주장한다. 하느님은 남성과 여성 모두를 창조하시고 모두에게 당신의 모상模相을 심으셨다. 그럼에도 교회를 지배하는 것이 남성의 목소리뿐이라면, 교회는 하느님의 음성이 아니라 인간 남성의 편협한 목소리에 갇히고 종속된다. 영국의 작가 버지니아 울프Virginia Woolfe가 말한 것처럼, '말씀'의 세계에서 내쫓기는 것도 비참하지만, 그것에 감금당하는 것은 더욱 비참한 일이다.

그리스도는 우리가 종속에서 벗어나 해방으로 나아가길

원하신다. 그리스도의 복음이 인간 남성뿐 아니라 하느님의 모상을 간직한 모든 이들을 구원으로 이끄는 기쁜 소식이라는 것을 인정한다면, 우리는 남성의 목소리뿐 아니라 다양한 음성으로 우리를 부르는 하느님의 음성에도 귀를 열고 마음을 열어야 한다. 하느님이 창조하신 세상의 다양성이 보여주듯, 다양성은 세상을 혼탁하게 하지 않는다. 더 풍성하고 아름답게 세상을 수놓으며 지속가능한 세상으로 이끌어간다.

여성신학은 전통에 내재한 낡은 인식과 언어의 문제점을 지적하고, 여성의 경험을 통한 인식과 언어로 하느님의 계시를 표현함으로써 복음과 전통의 의미를 확장한다. '여성의 경험'이란 단순히 생물학적 여성 개인의 경험을 의미하는 것이 아니다. '여성성'이란 단어는 사회문화적으로 형성된 것이다. 우리가 관습적으로 이해하는 여성성 혹은 여성다움은 가부장제 사회에서 남성의 이해와 기대에 부응하는 속성이다. 여성신학은 여성성을 단순히 생물학적 남성성에 대한 보완이나 완충으로 제시하거나, 여성다운 여성을 이상으로 삼지 않는다. 생물학적 여성이지만 가부장적 사유를 하는 여성들이 있으며, 생물학적으로 여성이 아님에도 탈脫가부장적 사유를 하는 이들도 있다. 가톨릭여성 중에는 남성중심인 교회에 문제의식을 느끼지 못하거나 교회 내에서 성차별을 지적하고 논의하는 것을 불편하게 여기는 이들도 있다. 여성의 입으로 표현되는 주장도 얼마든지 가부장제를 지탱하고 재생산할 수 있다는 말이다. 따라서 교회 내에서 여성의 참여가 부분적으로 증가하는 추세를 보며 여성신학의 목적이 실현되었다고 단정할 수는 없다. 물론 여성 참여의 증가는 공고하던 가부장제의 완고한 틀이 조금씩 깨지는 긍정적 신호이지만, 여성신학의 비전은 그보다 통전적通典的이다. 여성신학자들은 여성의 '역할과 자리'가 남성에 의해 규정되는 교회의 구조 자체에 문제를 제기한다. 모든 인간이 자신의 젠더지향과 젠더정체성 그대로, 복종이나 지배 없이 서로 돕는 관계를 맺기 위해 하느님이 창조한 고귀한 존재라는 것을 믿으며, 그 믿음이 교회의 믿음이 되기를 바라기 때문이다.

여성신학은 또한 여성의 경험, 사회적 타자의 경험을 교회가 단순히 '관용'하도록 요구하는 신학이 아니다. 규범과 관행에서 벗어난 소수의 행동을 지배자나 다수가 임의대로 기꺼이 관용하는 것은 가부장적 구조를 강화할 뿐이다. 포용과 배제의 기준을 만드는 것은 언제나 강자와 지배자들이기 때문이다. 이러한 관용에는 '너희들이 잘못되었지만 참을 만하니 그대로 둔다. 그러나 이 자리의 주인이 누구인지는 잊지 말라'는 경고가 포함되어있다. 교회는 모든 구성원이 평등한 권리와 상호존중으로 함께 살아가는 공동체가 되어야 한다. 그리스도는 누구에게도 자신의 호불호와 가치를 내세워 이웃의 자격을 판단하고 경계를 정할 특권을 부여하지 않았다.[4] "내가 너희를 사랑한 것처럼 너희도 서로 사랑하라"(요한 15,12)는 그의 명령은 '관용'과 시혜를 베풀라는 요구가 아니다. 사랑으로 인한 속사람의 변화, 삶의 방향의 근본적인 전향, 메타노이아metanoia를 명령하는 것이다. 따라서 교회는 페미니즘의 도전을 단순히 '관용'하는 것이 아니라, 낡은 사고방식과 생활방식의 변화를 도모할 전향의 기회로 받아들여야 한다.

완고하고 두터운 가부장제의 영향 아래 살아가며 일상에서 경험하는 성차별을 한번에 근절하거나 완전히 극복할 길은 없다. 교회에서 여성신학도 마찬가지다. 만일 교회 내 가부장제의 과거와 현재가 이미 청산되었거나 곧 청산할 수 있다고 믿는 이가 있다면, 그는 신자 개개인이 경험하는 다양한 고통의 현실을 무시하거나 억압의 교차로에서 나날이 재생산되는 차별을 외면하는 사람이다. 억압과 폭력의 복잡한 회로를 칼로 베어내듯 끊어낼 수는 없다.

그러나 그 회로 속에서도 다른 현실을 만들어낼 수는 있다. 그런 의미에서 여성들이 경험하는 부당한 현실은 특권이 되기도 한다. 여성학자 정희진이 말한 것처럼 "여성에게 언어가 없다는 사실은 억압을 드러내지만 한편 인식론적 특권을 의미하기"[5] 때문이다.

자신의 언어와 사회의 지배적인 언어 사이에서 갈등과 모순을 경험하지 않은 이들이 새로운 언어를 생산하는 것은 거의 불가능하다. 여성은 억압을 경험한 사람만이 가질 수 있는 인식론적 특권으로, 교회 안팎에서 여성의 고통과 다양한 '을'들의 고통을 어디에서 바라봐야 하며 어떤 목소리에 귀 기울일 것일지 고민해야 한다. 그리고 고통의 현실 속에서 누구와 더불어 어떻게 살아갈지를 성찰하며 '다른 현실'을 만들어가야 한다. 이런 의미에서 여성신학은 남성들에 대한 위협이라기보다 남성의 목소리만이 지배하는 교회에서 남성과 여성과 성소수자가 함께 목소리를 내고 함께 살아남을 현실을 만들려는 제안이며, 온전한 공동체로 나아가기 위한 초대다. 교회 구성원 모두가 파스카의 신비 속에 현존하려고 서로 돌보며 성장하기를 간구하는 기도다.

더 생각해 볼 질문들

- 가톨릭교회의 전통적 교리와 신학이 여성의 목소리를 배제해 온 이유는 무엇일까? 교회의 역사적 문맥에서 어떻게 여성의 역할이 축소되었는지 분석하고, 여성신학이 이 배제된 목소리를 어떻게 되살릴 수 있을지 논의해 보자.

- 여성신학은 기존의 가부장적 성서해석이나 교회 전통과 어떻게 대화할 수 있을까? 여성신학이 가부장적 전통과의 대화를 통해 교회 내 젠더평등을 증진시키려면 그 출발점은 무엇이 되어야 할까? 여성의 경험을 바탕으로 한 신학적 통찰은 기존의 남성중심적 해석과 어떻게 다르며, 이렇게 차별화된 시각은 기존 교회의 해석에는 어떤 도전이 되며 어떻게 이를 재구성할 수 있을지 논의해 보자.

- 여성신학이 교회 변혁에 공헌할 지점은 무엇이며, 그 공헌이 현재의 가부장적 구조, 위계적인 질서와 어떻게 충돌할까? 전통적인 교리와 가르침이 여성의 경험과 신학적 통찰을 어떻게 수용하거나 거부하는지 생각해 보자.

- 가톨릭교회가 페미니즘을 받아들이려면 어떤 변화를 거쳐야 할까? 교회의 기존 문화와 제도가 어떻게 여성의 역할을 제한하는지, 그리고 이를 바꾸는 데 필요한 실질적 방법과 전략이 무엇인지 생각해 보자.

2부 여성신학을 통해 읽는 성경과 교리

3장

성경은
폭력과 차별을
가르치는가

구약의 하느님과 성폭력

페미사이드femicide[1], 즉 '여성혐오에 기반한 살해'를 의미하는 이 단어를 한국 사회의 수면 위로 떠올린 사건은 2016년 5월 17일에 있었던 '강남역 살인사건'이다. 서울 강남역 인근 건물 남녀공용화장실에서 한 남성이 숨어 있다가 일면식도 없는 여성을 흉기로 여러 차례 찔러 살해한 이 사건은, 한국 사회의 성범죄 현실에 경종을 울리며 페미니즘 운동에 다시 불을 지폈고, 권력형 성범죄 미투(#MeToo) 운동, 불법촬영 편파수사 규탄 시위(2018년 혜화역 시위), N번방 방지 법안 발의 등 여성 개인들의 의식 변화와 연대, 법제정을 촉발한 계기가 되었다. 그러나 여성혐오에 근거한 성폭력범죄는 그치기는커녕 온라인을 통해 다양한 형태로 증폭되고 있다. 페미니스트들을 '꼴페미'라 비하하며 트집 잡고 공격하는 백래시backlash도 거세다. 게다가 우리 사회에는 성폭력사건이 발생하면 피해 여성이 원인을 제공했다며 피해자를 탓하는 경향이 아직 만연하다.[2]

그렇다면 성폭력에 대한 교회의 입장은 어떨까? 가톨릭과 개신교를 아울러 한국 교회가 성폭력으로부터 안전한 공간이 아니라는 사실은 이미 여러 차례 보도된 성직자들의 성추행과 교회 지도자들의 미온적 대응을 통해 알려져있다. 2016년 경찰청에서 발표한 〈2010~2016년 전문직군별 남성중심 검거인원 수〉를 보면 전체 5,261명 가운데 종교인이 681명으로 가장 많다. 조사기간 동안 성직자의 성범죄는 연평균 442건이나 발생했다.[3] 피해자들이 성직자를 유혹하거나 음해했다는 등의 2차 가해에 내몰리며 물리적·심리적 고통을 겪는 사례도 종교계에서 가장 흔하게 나타났다. 성직자의 성폭력범죄는 한국뿐 아니라 국제적으로 심각한 문제이며, 그 뿌리와 역사도 깊다. 프란치스코 교종은 가톨릭교회 내에서 성직자가 수녀를 대상으로 저지른 성범죄가 존재하며, 그중엔 성노예처럼 다뤄진 경우도 있다는 점을 공식적으로 인정했다.[4] 가톨릭교회에서 수녀와 평신도 여성이 경험하는 성폭력은 아직 통계조차 나온 것이 없다. 세계여자수도회 장상연합회가 지적한 것처럼, 묵과할 수 없는 현실에도 불구하고 교회는 성폭력 피해자를 침묵시키고 범죄 사실을 감추기에 급급하기 때문이다.[5]

왜 하느님의 말씀을 선포하고 공동선을 실현해야 할 교회에 오히려 성폭력이 더 많이 발생하는 걸까? 우선 성폭력의 개념을 명확히 해야겠다. 성폭력은 육체에 가해진 폭력, 혹은 강제로 정신적·심리적 압박을 초래하는 물리적 폭력뿐만 아니라, 성차별을 매개로 가해지는 여성에 대한 폭력 전반을 아우르는 포괄적 개념이다. 욕구의 해소 못지않게 타자의 몸과 마음을 통제하고 지배함으로써 자신이 영향력 있는 사람이라는 느낌을 얻으려는 심리적인 이유도 크다. 따라서 성폭력의 근본적인 원인은 남성의 성욕도 아니고, '여성이 몸 간수를 제대로 못한' 까닭은 더욱 아니다. 성폭력은 권력의 문제이며, 한국 사회의 왜곡된 성문화와 불평등한 권력관계 속에서 발생하는 인권침해다. 많은 성폭력은 가해자와 피해자의 권력관계와 밀접한 연관이 있다. 권력자가 자신의 권력을 확인하고 사회적 약자를 차별하는 수단으로 종종 성폭력을 이용하기 때문이다.

여성에게는 성을 부끄럽고 위험한 것으로 가르치는 반면, 남성들의 일방적이고 강압적인 방식은 남성다움이나 사랑의 표현으로 이해되는 사회에서 성폭력은 은폐되기 쉽다. 더구나 가족, 직장, 군대 등에서 지배와 순응을 내면화하고 서열에 따르도록 여성과 남성 모두가 교육받아온 사회에서 여성은 자유로운 의사표현을 하기 힘들고 남성들과 수평적 관계를 맺기 어려우며 성폭력이 발생해도 문제를 제기하기 어렵다.[6] 권위에 순종해야 한다고 가르치며 공동체 내부의 결속을 중요시하는 폐쇄적인 구조를 가진 교회는 이렇듯 성폭력이 발생할 조건을 용인하고 양산한다.[7] 이러한 구조적 문제를 뒷받침하는 데 남성중심적 성서읽기와 가부장적 하느님 이해를 강조하는 교회의 신학이 있다. 여성에게 잔인하기 그지없는 구약성서의 성폭력서사를 여성신학을 통해 읽으면 어떤 내용을 발견할 수 있을까?

구약에서 만나는 하느님

가톨릭여성이 교회 안팎에서 성폭력을 경험하면, 저항과 치유의 과정에서 하느님의 지지와 위로를 간절하게 원할 것이다. 그런데 막상 여성들이 구약성서를 펼쳐 만나게 될 하느님은 이런 하느님과는 거리가 멀다. 생존 여성은 오히려 성서에 묘사된 하느님에게 실망해 교회를 떠날 가능성이 크다. 구약의 본문은 여성에 대한 끔찍한 폭력을 묘사하는 서사가 다수 포함되어 있을 뿐 아니라 여성의 목소리를 철저하게 배제한다.[8] 박신영 작가는 끊임없이 발생하는 각종 성차별, 성폭력 사건의 바탕에는 남성의 권력행사를 당연시하는 집단적 사고방식이 있다며, 이를 '강간할 권리'라 부른다.[9] 구약성서의 남성들은 이 '강간할 권리'를 사회적으로 보장받았을 뿐 아니라, 페미사이드를 빈번하게 저지르고도 처벌받지 않았다.

성서는 남성들에게 아내와 자식의 생살여탈권을 부여했던 가부장제 사회를 배경으로 쓰인 문학이다. 고대 이스라엘 사회는 여성이 인격을 지닌 인간이라 간주하지 않았다. 탈출기와 민수기에는 인구조사 이야기가 나오는데, 여자와 어린이는 포함하지 않는다. 이웃의 아내를 탐하지 말라는 계명을 살펴보면 여자는 소, 나귀 같은 동물이나 집, 밭과 비등한 재산 가치를 지닌 소유물로 취급되었다는 사실을 알 수 있다(탈출 20장, 신명 5장 참조). 남성의 무소불위적 권리에 도전한 여성들은 혹독한 징벌을 면치 못했다. 모세의 권위를 비판했다가 지독한 피부병에 걸린 여성 예언자 미르얌

이 대표적인 예다(민수 12장). 함께 비판한 아론은 화를 면했다.

구약성서 속 여성에게 가해진 성폭력의 사례를 찾아보면 그야말로 참담하다. 사라(창세 12,10-20), 하가르(창세 16), 레아, 라헬, 빌하, 질파(창세 29), 타마르(창세 38), 미칼(1사무 18,27), 아비가일(1사무 25장), 와스티(에스 1), 에스데르(에스 2) 등 우리에게 익숙한 구약의 많은 여성이 직접 성폭력을 당했거나서 성폭력의 위협에 처했던 희생자 혹은 생존자다. 성서에서 묘사된 폭력은 단지 전쟁과 성폭력으로 인한 물리적 폭력만이 아니다. 여성의 성적 자기결정권에 대한 개념이 존재하지 않았던 구약의 세계에서는 대리모 제도와 형사취수제[10] 같은 제도적 성폭력도 용인되었다.

'축복받은 이' 혹은 '의로운 이'라 불리는 성서의 남성 중에는 성폭력에 공조한 이도 많다. 아브라함은 목숨을 부지하려고 아내 사라를 다른 사내들에게 내주었다(창세 12-20장). 소돔성의 의인 롯은 자기 집에 묵던 손님을 폭력배로부터 보호하려고 대신 자신의 딸들을 집단 강간의 제물로 내어주려 생각한다(창세 19,8). 아마도 가장 참혹한 성폭력의 사례는 판관기에 등장하는 레위인의 소실 이야기일 것이다. 그는 수치를 면하려고 자신의 아내를 불량배들에게 넘긴다. 밤새 윤간을 당하고 동틀 무렵 풀려난 여인은 자신의 '주인'

이 있는 집 앞에 엎드려있었다. 남편은 아내를 들쳐 메고 집으로 들어와 그녀의 사지를 열두 토막으로 절단해 이스라엘의 열두 부족에게 보내, 자신의 명예와 재산을 침해한 이들에 대항해 싸울 것을 제안한다. 이스라엘 부족들은 벤야민 지파에게 쳐들어가 그 마을 모든 여성을 살해하거나 납치한다. 한 이스라엘 여성에 대한 강간과 토막살인이 결국 모든 이스라엘 여성에 대한 강간과 살인으로 이어진 것이다(판관 19-21장). 여성독자를 더 힘들게 하는 결정타가 아직 남아있다. 성서의 본문은 이 참혹한 전쟁이 야훼 하느님의 허락으로 진행되었다고 묘사한다(판관 20,18). "이렇듯 잔혹한 서사에서 구원되는 것은 아무것도 발견할 수 없다"고 한 성서학자 수잔느 숄츠Susanne Sholz의 발언은 여성이라면, 아니 인간이라면 누구나 공감할 솔직한 반응이다.[11]

성서를 통해 재구성된 고대 이스라엘 사회가 여성의 삶을 위협하고 여성을 열등한 성으로 보는 구조적 폭력, 가부장제에 뿌리를 두었다는 사실은 변명의 여지가 없다. 성폭력에 관한 구약의 본문은 나아가 가부장제가 가난, 계급, 인종 등 여러 형태의 억압과 지배 이데올로기와 얽혀 얼마나 극악하게 여성과 소수자의 삶을 위협하는지 낱낱이 드러낸다.[12] 여성을 소유하고 통제하고 착취하며, 심지어 강간하고 살해하는 것을 당연시하는 성서의 사례들을 과연 어떻게 읽어야 할까? 성서는 왜 이러한 이야기들을 생략하지 않고 처참한 모습 그대로 기록했을까? 아직도 여성의 삶을 위협하는 성폭력에 맞서 싸우는 현실에서 구약성서가 전하는 수천 년 전 성폭력 사례를 다시 읽는다는 것은 어떤 의미가 있을까? 아니, 그보다도 구약의 하느님은 왜 그토록 참혹한 폭력을 허락했을까?

여성의 경험을 토대로 구성된 은유와 언어를 만들어야 한다

구약의 폭력서사들을 읽으려면 먼저 성서에 등장하는 하느님을 표현하고, 하느님의 이미지를 구성하는 모든 언어가 은유로 서술되었다는 점을 기억해야 한다. 하느님은 인간의 이해를 뛰어넘는 분이기에, 하느님의 영역을 묘사하려면 인간은 자신의 경험을 기반으로 형성된 상징적 언어를 사용할 수밖에 없다. 문제는 성서 속 하느님을 표현하는 은유가 전적으로 남성의 경험에 기반한다는 사실이다. 예를 들어, 예언서는 성서학자 이영미가 설명하듯 절대권력을 지닌 '가부장적 남편'으로 묘사된 하느님이 '문란한 아내'로 묘사된 이스라엘을 징벌하고 훈계하는 은유를 통해 이스라엘의 심판과 구원서사를 완성했다. 남성이었음이 확실한 예언서 기자는 가정 내 폭력을 경험했던 여성의 경험이 아니라 여성을 소유물로 여기고 착취한 남편의 경험, 나아가 질서와 체제를 유지하는 것을 가장 중요한 가치로 여기는 권력자의 관점으로 글을 썼다. 따라서 이 은유는 남편의 입장에 공감하는 남성 독자, 혹은 가부장적 질서를 내면화한 여성 독자에겐 당연한 것일지 모르지만 성폭력과 가정폭력의 위험에 언제나 노출된 대부분의 여성에게는 적절한 구원의 은유가 될 수 없다.[13] 가부장적 은유와 언어가 아니라 여성의 경험을 토대로 구성된 은유와 언어로 구원의 메시지를 재구성하는 작업이 반드시 필요한 이유가 여기에 있다.[14]

여성신학자들은 여성의 경험을 통해 성서를 읽으며, 성서의 폭력서사들을 해체하고 재해석하는 동시에 여성의 경험에 기반해 하느님을 이해하는 새로운 은유를 만들어낸다. 이들 가운데는 가부장제를 죄로 간주하며, 가부장제와 구약성서는 근원적으로 얽혀있기에 그 안에서 여성을 살리는 해방의 메시지를 찾기는 불가능하다고 판단하는 학자들도 있다. 그러나 페미니스트 구약성서 해석의 새로운 지평을 연 신학자 필리스 트리블Phyllis Trible은 성서를 다양한 관점과 입장이 공존하는 열린 텍스트로 접근하며, 성서 안에서 남성중심주의 이데올로기뿐만 아니라 이를 비판할 근거 또한 찾을 수 있다고 주장한다. 대표적인 예로, 성서는 널리 알려진 바와는 달리 남성 하느님만을 표상하지 않는다. 구약에는 여성의 자궁을 나타내는 '레헴(רֶחֶם)'에서 파생된 단어 '리함(רַחַם)'을 통해 하느님의 자비로운 성품을 표현하는 구절이 여럿 등장한다.[15] 트리블에 의하면, 우리가 하느님을 남성으로 생각하는 것은 성서 자체에 내포된 가부장제 탓도 있지만, 남성 번역자들과 해석자들을 통해 가부장적 하느님만 보도록 길들여졌기 때문이기도 하다.

트리블은 『공포의 텍스트: 성서에 나타난 여성의 희생(Texts of Terror)』, 『하느님과 성의 수사학(God and the Rhetoric of Sexuality)』 등의 대표작을 통해 성서의 여성해방적인 본문을 발굴하고 억압적인 본문을 새롭게 해석해왔다. 즉 성서의 수사학적·문체적 특징과 편집 과정에 주목해 성서를 '순례'하며 "성서가 성서를 비판하고 해석"하도록 하는 것이다.[16] 가령 위에서 언급한 레위인의 소실 이야기 경우, 트리블은 바로 연이어 등장하는 룻의 이야기(룻기)와 한나의 이야기(사무엘상)에 주목하며, 성서는 폭력과 죽음의 서사들을 감추지 않고 드러내는 한편, 현실에 꺾이지 않고 자신들의 구원을 만들어가는 여성들의 이야기, 남성들의 질서 속에서도 건강하게 돌봄과 살림의 문화를 만들어가는 여성 공동체의 이야기를 뒤이어 들려주는 방식으로, 죽음이 아니라 삶을 선택할 가능성을 알려주고 우리에게 전향을 요구한다고 말한다. 트리블은 이러한 신학을 '남은 자의 신학'이라고 부른다.[17] '남은 자의 신학'은 희생자들을 기억하기 위한 신학이다. 희생자들의 이야기를 가해자의 관점이 아니라 희생자들, 혹은 같은 폭력을 겪었지만 살아남은 생존자들의 관점으로 다시 이야기하는 신학이다. 즉 폭력서사를 남성이 아니라 여성의 관점으로 바라보며, 피해자와 생존자의 이야기로 재구성하려는 신학, 남은 자로서 이전과 다른 선택을 하고 새로운 길을 만들어가려는 신학이다.

과거의 여성과 오늘의 여성이 연대한 내일의 이야기

여전히 지속되는 성폭력에 맞서기 위해 좀 더 강력한 대항담론을, 사회적·역사적 맥락에 밀착한 담론을 구성하고 싶은 우리의 바람에 트리블의 시도는 어쩌면 미약하게 느껴질지도 모르겠다. 여성들에게 그토록 가혹했던 삶이 담긴 수천 년 전의 문학을 왜 붙잡고 씨름해야 하는지 질문하는 독자도 있을 것이다. 이러한 질문에 대해 캐슬린 샌즈Kathleen Sands는 성서의 비극적 문학을 무시해서는 안된다고 주장하며, 일부 여성신학자들이 긍정적이고 희망을 주는 서사들에만 천착하는 경향이 있다고 지적한다.[18] 비극문학은 고통으로 점철된 과거, 잊지 말아야 할 과거를 상기하는 동시에 현실과 이상의 간극을 드러낸다. 삶은 마땅히 그래야 하는 대로 굴러가지 않으며, 우리도 마땅히 살아야 하는 대로 살지 않는다. 비극적 서사는 편하고 좋은 것만 원하는 우리의 인식과 관습에 상처를 입히며 마음에 깊이 각인된다. 비극적 서사를 읽으며 우리는 자신과 이웃들의 비참한 경험을 기억하고, 그 기억이 언제든지 현실로 돌아올 수 있다는 것을 깨닫는다.

성서에 기록된 불의와 폭력은 성서에 국한되지 않는다. 이 참혹한 이야기들은 많은 여성의 일상을 통해 오늘도 계속되고 있다. 트리블이 주장하듯 "이야기는 삶의 양식이며 본질"이다. 성서 속 폭력의 희생자들, 목소리조차 잃어버린 여성들의 이야기를 찾아 읽으면서 우리는 억울하게 희생된 여성들의 역사를 복원하고, 오늘날까지 영향을 끼치는 과거를 기억하며, 이런 폭력이 다시금 일어나서는 안된다고 기도할 수 있는 것이다.[19] 그렇게 우리는 과거의 여성들, 그리고 오늘의 여성들과 연대하며 내일의 이야기를 새롭게 써나가야 한다.

더 생각해 볼 질문들

- 구약에 등장하는 여성들이 가부장적 사회에 저항하거나 독립성을 보였던 순간들은 어떤 의미가 있을까? 예를 들어, 드보라나 룻 같은 여성들의 이야기가 당시의 사회적 규범에 어떻게 도전하는지를 분석해보고, 오늘날 상황에서 비슷한 예를 찾아보자.

- 구약의 맥락에서, 가부장적 구조가 여성뿐만 아니라 남성들에게도 어떤 영향을 미쳤는지에 대한 분석이 필요하다. 남성의 역할과 책임을 강조하는 텍스트에서 발견되는 압박이나 기대는 무엇인가? 이러한 텍스트는 어떤 면에서 남성들 또한 억압하는 기제로 작용했을까? 여성신학적 성서해석은 성경 속 남성들에 대한 재해석 또한 시도해야 할까? 만약 필요하다면, 남성들에 대한 재해석이 어떤 방식으로 이루어질 수 있을지 생각해 보자.

- '남은 자들의 신학'이 구약성서 속 여성들의 이야기를 다시 읽을 수 있도록 돕는다면, 이러한 신학적 재해석이 오늘날 젠더평등에 어떤 기여를 할 수 있을지, 구체적인 사례를 들어 설명해 보자.

- 오늘날 사회에는 구약에 묘사된 것과 같은 직접적이고 잔인한 폭력도 존재하지만, 좀 더 간접적이고 심리적인 기제를 통한 폭력 또한 존재한다. 여성에 대한 폭력이 신자유주의나 현대 사회적 규범 안에서 어떤 식으로 행사되는지 생각해 보자.

- 구약성서의 특정 구절이 여성에 대한 폭력을 정당화하거나 조장할 수 있다는 비판에 어떻게 대응할 수 있을까? 이러한 비판을 수용하면서도 신앙의 가치를 유지하는 방법은 무엇일까?

- '여성의 경험'을 바탕으로 성경의 텍스트를 재해석할 때, 전통적인 성서해석과의 갈등에 어떻게 대처할 수 있을까? 신학적 담론에서 여성의 경험을 중심에 둘 때 나타날 백래쉬에 어떻게 대응할 수 있을까?

4장

가톨릭교회와 여성지도력
신약의 지도자들

    2023년 4월 26일, 프란치스코 교종은 가톨릭교회 역사상 처음으로 여성과 평신도에게 세계주교대의원회의(이하 '주교시노드') 투표권을 부여했다. 이천 년간 여성의 목소리를 배제했던 교회의 의사결정구조에 비로소 여성의 목소리가 스며들 작은 틈이 생긴 것이다.[1] 이제껏 여성은 교회의 중요한 사안을 논의하고 결정하는 기구인 주교시노드에 참관인 자격으로만 참여했을 뿐, 투표에 참여할 수는 없었다. 교회 안의 반응은 엇갈린다. 뒤늦은 결정이지만 교회 내에 젠더평등이 조금씩 확장되고 있다며 환영하는 목소리가 크다. 반면 교회의 전통이 무너져 세속화한다고 우려하는 목소리도 있다. 또 본당의 쇄신까지 이어지는 전반적인 개혁이 없는 한 결국 주교시노드는 남성들의 회의로 남을 것이라 지적하는 회의적인 목소리도 있다.[2] 비록 낙관적 전망은 어렵다 해도, 이제나마 개혁의 바람이 불기 시작한 바티칸의 움직임이 무척 반갑다. 아직 가야 할 길이 까마득하지만 숨통이 좀 트이는 느낌이랄까.

로마의 이러한 움직임에도 불구하고, 한국 교회의 현실은 요지부동이다. 2022년 11월 22일 주교회의 평신도 사도직위원회 여성소위원회 주최의 '시노달리타스와 교회 여성' 정기세미나에 참여한 유형선의 발표문을 보면, 240년 한국가톨릭교회 역사에서 여성신자 천명을 대상으로 한 조사가 단 두 번에 불과하며(1995년과 2021년), 이 또한 주교들과 사제들이 주도한 것이 아니라 평신도 여성의 노력으로 이루어진 결과였다.[3] 가난한 자들을 위한 복음 선포와 사회정의구현에 관심을 기울여왔던 교회가 여성신자의 현실에는 큰 관심을 기울이지 않았던 듯하다. 그도 그럴 것이 대부분 본당의 의사결정기구에는 아직도 여성신자들의 의견이 잘 반영되지 않는다.[4] '배제한 일 없다, 여성들이 자발적으로 참여하지 않은 까닭이다'라며 반박할지도 모르지만, 남성신자 중심으로 이루어진 본당의 의사결정기구에 여성들이 과연 편안하게 참석해 자신의 의견을 개진할 수 있을까? 어떤 공간에서 쉽게 말을 꺼낼 수 있다면, 그 공간은 이미 내가 속한 특정 그룹을 위해, 그리고 그 그룹에 의해 주도되는 곳이다.[5] 교회는 여성에게 그런 공간이 아니다.

가톨릭교회 내 여성지도력에 대한 문제의식은 종종 여성사제직에 관한 논의로 귀결되지만, 나는 평신도 여성지도력과 여성사제직은 따로 다루어야 할 문제라 생각한다. 여성사제직에 관해서는 이 책 후반부에서 따로 다룰 예정이라 이번 장에서는 평신도 여성지도력에만 집중하겠다. 구약에 이어 신약에 드러난 여성의 경험, 그중에서도 신약의 대표적인 두 남성지도자 예수, 바오로와 함께했던 여성들의 사례는 우리에게 무엇을 말하는지 생각해 보자.

예수와 여성 동역자들,
"아, 여인아! 네 믿음이 참으로 크구나."(마태 15,28)

'나자렛 예수가 페미니스트였는가?' 사실 이 질문은 적절하지 않다. 페미니즘은 20세기 서구에서 비롯된 사상이자 운동이기에 1세기 팔레스타인의 유다인 남성 예수에게 같은 기준을 적용할 수는 없다(이는 바꾸어 말하면, 1세기 팔레스타인 문화에서 쓰인 신약성서의 젠더관점을 21세기에 그대로 적용할 수 없다는 뜻이기도 하다.). 그럼에도 성서 속 예수는 놀라울 정도로 여성들에게 개방적이었다. 당대 유다 지도자들은 여성을 인간의 범주에 포함하지 않았고 가족을 제외한 여성과 접촉조차 꺼렸지만, 예수는 거리낌 없이 여성을 만나고 벗으로 삼았으며 그들을 통해 하느님 나라를 선포했다. 그는 남의 이목을 피해 다니던 사마리아 여인에게 물을 청하고 대화를 나누며 복음의 기쁨을 깨닫게 했고(요한 4,1-42) 자신의 옷자락을 잡아당긴 하혈하는 여인에게 면박을 주지 않고 치유했으며(마르 5,24-34) 시리아 페니키아 여인의 정당한 도전을 받아들여 자신의 관점을 수정했다(마르 7,24-30). 그는 또 사람들이 모두 보는 앞에서 여성들을 믿음의 모범으로 세워 칭찬하기도 했으며(마태 15,21-28) 다른 남성들이 죄인이라며 처벌하려 했던 간음한 여성을 홀로 변호했고(요한 8,2-11) 마르타와 마리아 자매를 깊이 사랑해 그들이 슬픔에 잠기자 집으로 찾아가 위로하기도 했다(루카 10,38-42; 요한 11,1-44). 결정적으로, 부활한 그가 가장 처음 만난 이는 그의 무덤 곁을 떠나지 않았던 여성사도 마리아 막달레나다(요한 20,1-18).

이렇듯 예수가 여성과 만난 신약성서의 거의 모든 공간

에서는 전향과 치유가 일어나고 해방이 선포되었다. 성경적 전거로 볼 때 열두 지파로 이루어진 백성을 대표할 제자단에 예수가 남성만 제자로 세운 일은 확실하지만, 실제 예수와 함께한 제자의 규모는 그보다 훨씬 컸으며 혈연과 성별은 중요한 고려사항이 아니었다. 루카복음은 열두 제자와 함께 여러 도시와 마을을 두루 다니며 하느님 나라를 선포한 무리 중에 여성이 여럿 있었다고 전하며, 그중 세 여성의 이름(마리아 막달레나, 쿠자스의 아내인 요안나, 수산나)을 구체적으로 언급한다(루카 8,1-3). 여성은 공공장소에서 눈에 띄지 않아야 하고 남녀 간 내외內外하는 것이 규범(요한 4,27)이었던 사회에서 다수의 여성이 남성과 동행하며 선교했다는 사실은 여수의 공동체가 얼마나 파격적인 행보를 했으며, 신뢰와 상호존중으로 단단한 유대를 이루었는지 짐작하게 해준다.

사도들에게 복음을 선포하고 가르치는 마리아 막달레나

예수의 여성제자들은 주변을 맴돌며 남성의 수발을 드는 정도가 아니라 운동을 재정적으로 지원했으며, 예수가 십자가 처형을 당한 후 공동체가 절박한 상황에 몰렸을 때 뿔뿔이 흩어진 남성제자들과 달리 끝까지 남아 그의 무덤가를 지키고 부활의 증인이 되어 운동을 되살렸다. "내 어린 양들을 돌보아라"(요한 21,15)라고 하신 예수의 권고가 사목의 원칙이 되어야 한다면, 여성을 동등한 사목자로 인정했던 예수의 공동체가 교회공동체의 원형이 되어야 한다.

바오로 사도와 여성동역자들

여성동역자들에게 개방적이고 호의적이었던 예수와 달리, 바오로 사도는 여성의 지위와 역할에 일관적이지 못한 태도를 보인다. 따라서 바오로서간에 등장하는 여성의 지위는 주의 깊게 읽어야 한다. 바오로서간에는 여성을 침묵시키고 남성의 권위에 종속시키는 전형적인 가부장적 관점이 자주 등장한다. 그는 머리를 드러낸 채로 기도하거나 예언하는 여자는 머리를 부끄럽게 한다고 말했고(1코린 11,5), 여자가 구원을 받을 길은 "자식을 낳아 기르면서 믿음과 사랑과 거룩함을 지니고 정숙하게 살아가는" 것이라고 주장했다(1티모 2,15). 코린토 신자들에게 보내는 첫 번째 편지에 등장하는 아래 구절은 여성의 지도력을 제한하는 성서적 근거로 종종 언급된다.

"여자들은 교회 안에서 잠자코 있어야 합니다. 그들에게는 말하는 것이 허락되지 않습니다. 율법에서도 말하듯이 여자들은 순종해야 합니다. 배우고 싶은 것이 있으면 집에서 남편에게 물어보십시오. 여자가 교회에서 말하는 것은 부끄러운 일입니다. 하느님의 말씀이 여러분에게서 나오기라도 하였습니까? 아니면 하느님의 말씀이 여러분에게만 내리기라도 하였습니까?"(1코린 14,34-36)

그러나 바오로는 같은 편지에 앞서 등장하는 구절에서 평등과 상호성을 그리스도 공동체의 원칙으로 제시하기도 한다. 그는 "주님 안에서는 남자 없이 여자가 있을 수 없고 여자 없이 남자가 있을 수 없습니다. 여자가 남자에게서 나온 것과 마찬가지로 남자도 여자를 통해 태어나기 때문입니다. 그러나 모든 것이 하느님에게서 나옵니다"(1코린 11, 11-12)라고 했고, 아내뿐만 아니라 남편 또한 자기 몸에 대한 권세가 없으며 서로가 서로에게 의무를 이행해야 한다고 가르쳤다(1코린 7,3-4). 또한 갈라티아 신자들에게 보낸 편지에서는 사회적 위계와 권력구조를 초월하는 평등주의적 신념을 강력하게 드러낸다. "그래서 유다인도 그리스인도 없고 종도 자유인도 없으며, 남자도 여자도 없습니다. 여러분은 모두 그리스도 예수님 안에서 하나입니다."(갈라 3,28)

이렇듯 변덕스러워 보이는 남성지도자 바오로의 발언을 어떻게 읽어야 할까? 엘리자베스 쉬슬러 피오렌자의 연구는 바오로서간을 여성신학적 시각으로 읽을 실마리를 제공한다. 쉬슬러 피오렌자는 성서를 하느님의 계시이자 보편적 진리의 선포로 받아들이는 '신화적 원형(mythical archetype)'이 아니라, 성서 또한 특수한 시대의 문화적 가치관과 질서를 반영한다는 사실을 인정하는 '역사적 모형(historical prototype)'으로 봐야 한다고 주장한다. '역사적 모형'으로서의 성서는 읽는 이의 문화적·역사적 배경에 따라 성서 해석의 기준도 달라질 수 있다는 점을 강조한다. 성서의 메시지가 독자의 경험을 만나 오늘의 삶으로 이어질 가능성을 적극적으로 열어두는 것이다.

그러므로 여성신학적으로 바오로서간을 읽는다는 것은 여성의 억압과 해방 경험을 통해 바오로의 메시지를 해석한다는 것을 의미한다. 이 과정에서 중요한 것이 '의심의 해석학(hermeneutics of suspicion)'이다. 성서와 전통의 모든 기록이 문자 그대로 보편적 진리이자 해방의 전승이라 전제하지 않고, 텍스트를 구성한 시대의 사회·정치·경제·문화·종교에 영향을 끼친 이데올로기가 무엇인지, 그 복합적 요인들이 성서를 기록하고 구성하는 데 어떻게 작용했는지 분석해 행간을 읽는 방식이다. 의심의 해석학과 더불어 요구되는 것이 '창조적 상상력'과 '기억과 재구성'의 해석학이다. 비판과 의심을 넘어 여성의 관점에서 기존의 이야기를 새롭게 말하고, 그리스도가 가르친 평등한 제자직의 관점에서 억압적 이념들에 도전하는 것이다. 이러한 해석을 위해서는 성서와 전통 속에서 여성들이 겪었던 고통의 기억을 회상하는 작업뿐 아니라, 여성들이 주체로 섰던 사건의 기록을 발견하고 그 기록을 재구성의 지표와 실마리로 삼는 작업이 필요하다.[6]

이러한 여성신학적 읽기는 바오로의 편지들에서 여성을 직접적으로 언급하는 구절을 여성 모두를 대상으로 하는 보편적인 발언으로 이해하거나, 바오로가 남성을 중심으로 하는 지도력을 교회지도력의 유일한 원형으로 받아들이는 접근을 경계한다. 그의 발언은 서간에 등장하는 특정 상황의 여성들을 향한 것이며, 나아가 남성뿐만 아니라 여성의 지도력을 허용했던 초대교회 공동체에 대한 이해를 바탕으로 읽어야 한다는 것이다. 바오로를 무작정 옹호하거나 비난하기보다, 다양한 시각이 존재했던 초대교회에서 서로의 의견을 조율하고 공동체를 일으키는 역할을 맡았던 한 사람의 지도자로서 그를 바라보아야 한다는 것이다.

바오로는 조직신학자가 아니며, 그의 서간은 일관된 이념을 전달하는 교재가 아니다. 그는 특정 공동체의 구체적 필요와 질문에 응답하는 사목자로서 편지를 썼다. 그는 또한 그리스-로마 문화와 유다 문화의 여성에 대한 가부장적 사고와 태도를 기본적으로 견지하던 남성이었고, 같은 사고와 태도를 가진 남성들과 함께 일하던 사람이었다. 이러한 전제를 감안한다면, 바오로의 여성폄하 발언은 그의 편지가 전달된 각각의 공동체를 떠나 해석될 수 없다. 바오로의 목표는 사회적·정치적 영역에서 특정 이념을 선언하는 것이 아니라 하느님과의 올바른 관계가 원칙이 되는 공동체, 즉 율법에 의존하지 않고 민족·인종·사회적 지위·성별에 근거한 모든 구별을 떠나 그리스도에 대한 믿음으로 하나 되는 공동체를 건설하는 것이었다.

여성신학자들은 코린토 1서에서 바오로가 여성들을 침묵시킨 이유에 대해 다양한 해석을 제시한다. 어떤 학자는 본문 내 문장형식과 문체의 차이에 근거해, 여성폄하가 등장하는 구절은 바오로가 쓴 것이 아니라 후대의 필사자가 추가한 구절이라고 주장한다. 또 어떤 학자는 본문 내용의 일관성을 고려해 이 구절에서 여성을 책망한 것을 바오로의 목소리로 읽을 게 아니라 그와 코린토 교인이 나눈 대화의 일부로 읽어야 한다고 주장한다. 즉 34-35절은 여성들에게 침묵을 지키라고 주장하는 코린토 남성들의 목소리고, 36절 "하느님의 말씀이 여러분에게만 내리기라도 하였습니까?" 라고 반문하는 것이 바오로의 대답이라고 보는 것이다. 이러한 접근이 대안적 읽기의 예가 되는 것은 사실이지만, 그렇다고 해도 바오로가 21세기 페미니즘의 기준에 부합하는 평등주의 시각을 가졌다고 판단하기는 어렵다. 상황과 동기가 어찌되었든 바오로가 특정 여성들의 지도력을 제한하려고 했다는 사실은 인정해야 할 듯하다.

그러나 여성신학적 바오로 읽기에서 강조해야 할 것은 이러한 억압적 전승에 가려진 다른 전승이다. 바오로는 여성이 교사, 후원자, 교회지도자 및 예언자로 봉사하는 것을 기꺼이 허락하고 권장했다. 신자들 사이의 신뢰와 상호존중을 바탕으로 하는 바오로의 사목원칙은 그가 동역자 여성들에 관해 이야기하는 구절에 잘 드러난다. 로마서에서 그는 켕크레애 교회의 일꾼인 여성동역자 포이베에게 자신의 편지를 맡기며, 교인들에게 "성도들의 품위에 맞게 그를 주님 안에서 맞아들일" 것을 권하고, 포이베가 많은 이들에게 도움을 베풀었으며 본인 또한 그의 신세를 졌다는 것을 강조한다(로마 16,1-2). 여기서 '일꾼'으로 번역한 단어는 그리스어로 '디아코논diakonon'으로, 다양한 사목을 감독하고 지휘하는 지도자의 역할을 의미한다. 디아코논으로서 포이베는 공동체를 위해 자신의 집과 기금을 제공하고 성찬식을 주재했을 가능성이 크다. 바오로는 종종 스스로를 일꾼, '디아코노스diakonos'로 표현했다(1코린 3,5; 2코린 6,4).[7] 포이베를 자신과 동등한 사목자로 대우하며 지도자로서의 권위를 인정한 것이다.

포이베 외에도 바오로는 많은 여성동역자와 함께했다. 바오로의 선교여행을 기록한 사도행전에는 그의 제자가 된 여성들이 대거 등장한다. 그리스에서 최초로 신자가 되었고 바오로의 제자로 일한 사람은 필리피의 리디아다(사도 16,11-15). 로마서 16장에 나오는 안부인사에 언급된 이들은 3분의1이 여성으로 포이베 외에도 프리스카, 유니아, 마리아, 트리패나, 트리포사, 율리아 등을 포함한다(로마 16, 1-23). 이중 프리스카(프리스킬라)는 바오로의 2차·3차 선교여행에 가장 친근한 벗으로 동행했다(사도 18,2-18). 바오로는 또한 유니아를 "뛰어난 사도"라 부르고, 자신보다 "먼저 그리스도를 믿은 사람"이라며 존경을 표한다(로마 16,7). 필리피 신자들에게 보낸 편지에 등장하는 에우오디아와 신티

케도 빼놓을 수 없다. 이들은 바오로와 함께 "복음을 전하려고" 수고했다(필리 4,2-3).

　이러한 본문들은 다른 본문에 등장하는 바오로의 여성폄하 발언보다 훨씬 더 일관성 있게 바오로의 여성관을 드러낸다. 예수와 마찬가지로 바오로는 여성동료들에게 큰 영향과 도움을 받았고, 그들의 경험과 언어에 귀 기울였으며, 그들을 통해 하느님이 움직이시는 길을 식별했고, 그들의 지혜를 통해 초대교회 공동체, 즉 교회의 초석을 세웠다. 그렇다면 그리스도를 따르고 사도들을 계승하는 오늘날의 가톨릭교회가 여성지도력에 대해 어떤 입장을 취해야 하는지, 내게는 분명해 보인다.

로마의 산타 프라세데 성당(The Church of St. Praxedis)의 모자이크는 푸른 망토를 걸친 성모마리아를 보여주는데, 그는 교회 여성지도자들의 원형이다. 그의 왼편에는 성 푸덴티아나(St.Pudertiana)가, 오른편에는 성 프라세데(St. Praxedis)가 있는데, 이들은 모두 초기 그리스도교 로마의 가정교회 지도자들이었다. 가장 왼편 테오도라(Theodora)의 이미지 상단에는 'EPISCOPA'라고 씌어있는데, 이를 근거로 일부 학자들은 테오도라가 822년경 산타 프라세데 성당의 주교였을 가능성을 제시한다.

더 생각해 볼 질문들

- 2023년 교종 프란치스코의 시노드 여성투표권 부여는 천주교회의 여성리더십에서 어떤 진전과 한계를 보여주며, 이는 교회의 미래에 어떤 함의를 지닐까? 교황청의 이러한 결정은 한국 천주교회 내 여성의 참여와는 어떻게 다를까? 또한 교회의 의사결정과정에 여성이 참여하게 된다면, 가장 크게 직면하게 될 문제점은 무엇일까?

- 복음서에 묘사된 여성에 대한 예수의 태도는 교회의 전통적·가부장적 구조와 어떻게 대조되는가? 교회 내 현대적 성평등 모델로서 예수의 여성들과의 상호작용이 어떻게 적용될 수 있을까?

- 엘리자베스 쉬슬러 피오렌자의 '역사적 원형'으로서의 성경읽기 접근법을 고려한다면, 여성에 대한 바오로의 차별적 발언들과, 이와 대조적으로 평등에 대한 그의 진보적인 가르침을 어떻게 조화시킬 수 있을까? 또한, 여성의 역할을 언급하는 성경구절과 교회 문헌을 해석하는 방법론으로서 '의심의 해석학'과 '창조적 상상력'은 어떠한 장점과 한계점이 있을까?

- 초기 그리스도교 여성들은 단순히 수동적인 추종자가 아니었다. 여성제자들은 자신들의 재산으로 예수와 사도들을 후원했고, 예수의 십자가 처형 당시 뿔뿔이 흩어졌던 남성제자들과는 달리 십자가 처형 현장에 끝까지 남아있었다. '여성들은 초기교회에서 중요한 역할을 하지 않았다'는 일반적인 생각을 바꾸려면 어떤 방식으로 이러한 성경적 전거들을 사용할 수 있을까? 또한 성서 속 여성들의 적극적이고 헌신적인 모습은 본당에서 여성의 역할에 어떠한 도전이 될까?

- 여성사제직을 논의하는 이 책의 마지막 장은 평신도 여성의 리더십과 여성사제직은 따로 다루어져야 할 문제라고 주장한다. 이러한 구분이 필요한 이유는 무엇이며, 오늘날 교회개혁운동에는 어떤 의미가 있을까? 교회의 여성지도력 신장은 오늘날 교회의 사명과 역할에 어떤 영향을 미칠 수 있을까? 이러한 변화가 가톨릭교회 안팎의 공동체에서 바라보는 교회에 대한 인식에 어떤 변화를 가져올 수 있을까?

5장

역설과 재전유를 통한 해방의 메시지
여성신학적 그리스도론

세상의 죄를 없애시는 어린양이 십자가에 못 박혀 있다. 1.2미터에 달하는 청동조각상에는 고통과 모욕의 흔적이 역력하다. 그런데 그는 가슴이 달린 여성이다.

미국 뉴욕의 성공회 성당인 세인트존 더 디바인 성공회 대성당(The Cathedral of St. John the Divine)에 봉헌된 영국의 조각가 에드위나 샌디스Edwina Sandys의 작품 〈크리스타(Christa)〉의 모습이다.

작가의 상상력처럼, 만약 역사적 예수가 여성이었다면 어땠을까?

『크리스타』는 1975년 처음 공개된 후 여러 도시를 거쳐 지금은 뉴욕의 세인트 존 더 디바인 성공회 대성당(The Cathedral of St. John the Divine)에 자리를 잡았다. 뉴욕에서 첫 전시 때 극렬한 반대에 부딪혀 바로 동상을 내려야 했지만, 32년 뒤인 2016년 자리를 되찾았다.

　　여성은 낮에도 쉽게 밖에 나다닐 수 없었던 1세기 팔레스타인 문화에서 과연 제자를 모으고 공생애를 시작할 수 있었을까? 유랑하는 노숙자였고, 자유로운 언행으로 권력자들을 도발하던 그가 여성이었다면, 예루살렘 입성도 하기 전에 끔찍한 일을 당했을지 모른다. 요행 그를 따르는 제자들이 존재했다 한들, 그의 말과 행적이 수천 년 가부장제 역사의 더께를 뚫고 오늘날 우리에게 전승되기는 했을까? 고고학적 유물이 되어버린 많은 여성신(goddess) 종교들의 운명을 따라 우리의 기억에서 멀어지지 않았을까? 나자렛 예수의 생물학적 남성성은 가부장제 사회를 배경으로 탄생한 그리스도교를 통해 하느님을 만난 여성들이 불가피하게 인정해야 할 역사적 전거典據다. 그러나 이 전거는 예수가 선포한 해방의 메시지와 별개로 여성과 성소수자에 대한 차별을 정당화하는 근거로 작용해왔다.

"남성 구원자가 여성을 구원할 수 있는가?"[1] 여성신학자 로즈마리 R. 류터Rosemary Ruether의 직설적 질문은 예수의 남성성을 어떻게 이해해야 할지 다양한 의견이 오가던 1980년대 북미 여성신학계의 고민을 담고 있다. 당시 여성신학자들은 크게 두 가지 입장으로 나뉘었다.[2] 여성해방을 위해서는 그리스도론을 포기해야 한다고 주장하는 혁명주의(Revolutionary feminist theology) 입장과 성서와 전통의 전거를 여성신학의 입장으로 해석해 그리스도론을 해방적으로 전승해야 한다는 개혁주의(Reformist Christian feminist theology) 입장이다.[3] 이번 장에서는 여성에게 억압과 해방이라는 역설적 의미를 가질 수밖에 없는 그리스도론을 간략하게 훑어보고, 개혁주의를 기반으로 발전해온 여성신학적 그리스도론을 톺아보며, 생물학적 남성성을 넘어선 그리스도론이 여성들에게 의미하는 바를 살펴보겠다.

"너희는 나를 누구라 하느냐?"

그리스도론이 교리로 성립되기 시작한 것은 4세기에 이르러서지만, 예수의 정체성에 대한 최초의 고민은 복음서에서 찾을 수 있다. 예수는 제자들에게 사람들이 나를 누구라고 하느냐 물었다(마태 16,13; 마르 8,27; 루카 9,18). 제자들이 "세례자 요한이라고 합니다. 그러나 어떤 이들은 엘리야라 하고, 또 어떤 이들은 예레미야나 예언자 가운데 한 분이라고 합니다."라고 대답하자, 예수는 "그러면 너희는 나를 누구라고 하느냐?"고 되묻는다(마태 16,15; 마르 8,29; 루카 9,20). 여성신학자 구미정이 지적했듯이, 그가 알고 싶었던 것은 '사람들의 반응'이 아니라, '대답하는 나'의 생각이었다.[4] 그리스도론은 이처럼 시작부터 예수와 그를 따르는 이의 관계성에 초점이 있다. 예수의 질문에 복음서가 제시하는 답은 잘 알려진 베드로의 신앙고백이다. "스승님은 살아 계신 하느님의 아드님 그리스도이십니다."(마태 16,16) 유다 문화에서 '하느님의 아드님'이란 표현은 호적관계의 아들을 뜻하는 게 아니라 하느님과 인간의 친밀한 관계를 의미하는 것으로, 존경과 경외를 받을 만한 이들에게 사용하던 일종의 완곡어법이다.[5]

하지만 그리스도교의 신학적 체계를 마련해야 했던 초기

공의회는 인간과 구별되는 메시아로서 예수의 정체성을 설명하기 위해 '하느님의 아드님'을 예수를 위한 표현으로 특화하고, 그가 참 하느님, 참 인간이며, 성부 하느님과 동일본체(homoousios)라는 믿음을 교리로 안착시켰다. 예수 그리스도는 성부 하느님과 동일하게 완전한 신이지만, 태어나고 병들고 늙는 몸을 가졌고, 기뻐하고 슬퍼하는 감정을 지닌 완전한 인간이기도 하다는 뜻이다. 인간으로서 예수가 우리와 다른 점은 죄로부터 자유롭다는 것이다. 그리스도론은 니케아공의회(325)와 콘스탄티노폴리스공의회(381), 칼케돈공의회(451)를 거쳐 논의되었고, 이후 그리스도론에 대한 교회의 신조는 「니케아-콘스탄티노폴리스신경」으로 자리 잡았다.

이 과정에서 철학적 토대가 된 것은 그리스철학의 실체론(substantialism)인데, 모든 사물에는 변하지 않는 속성, 즉 실체(ousia, substance)가 존재하지만 실체와 사물은 동일하게 볼 수 없으며, 실체와 얼마나 멀고 가까운가에 따라 사물에 위계질서가 매겨진다고 생각하는 철학적 원리다. 남성을 실체에 더 가까운 규범적 성으로 규정하는 그리스철학에 기반한 그리스도론은 하느님이 '열등한 성', 즉 여성을 택해 사람이 되지 않으셨으리라는 전제를 세웠다. 하느님이 남성의 몸을 통해 육화(Incarnation)하셨다는 교리는 이렇게 성립되었고, 그 믿

음이 오늘날까지 이어지고 있다.[6]

여성을 열등한 성으로 간주하는 실체론은 그리스도론뿐 아니라 여성과 육체에 대한 부정적 인식을 형성하고 여성에 대한 사회문화적 억압을 정당화하는 데 결정적인 역할을 한 원죄原罪교리(Original Sin)의 성립에도 영향을 끼쳤다. 아우구스티누스가 체계화한 원죄교리는 아담의 죄가 성적 욕망을 통해 모든 인류에게 전달된다고 가르친다. 아퀴나스는 여기서 더 나아가 여성을 '결핍된 남성'으로 보는 아리스토텔레스의 관점을 신학에 접목시켰다. 여성신학자들은 이렇듯 여성, 몸, 그리고 죄 사이의 연관성을 고수하고 있는 원죄교리에 도전하며, 성서와 전통에 대한 정교한 재해석을 제시한다. 원죄론의 근간이 된 여성혐오를 비판하면서도, '죄'로 표현되는 인간의 실존적 한계를 보다 포괄적인 관점으로 확장하는 것이다. 로즈마리 R. 류터는 전통적인 해석이 여성의 출산과 모성을 죄의 전달 경로로 보는 왜곡된 관점을 강화했다고 비판한다. 여성의 몸과 재생산 능력을 죄악시하는 결과를 낳았고, 나아가 여성의 구원 가능성 자체를 의심하게 만드는 신학적 근거가 되었기 때문이다. 류터는 원죄를 개인의 도덕적 타락이 아닌 관계의 왜곡과 단절로 이해할 것을 제안하며, 구원 또한 남성성으로 대변되는 영적 초월이 아닌 전인적 회복과 치유로 보아야 한다고 주장한다.[7] 엘리자베스 쉬슬러 피오렌자는 원죄론의 성서적 근거가 되는 창세기 텍스트에 대한 가부장적 해석 전통을 비판하며, 하와의 이야기가 여성의 열등함이나 죄성罪性을 증명하는 것이 아니라, 오히려 지혜를 추구하는 인간의 보편적 여정을 보여준다고 주장한다. 선악과를 따먹은 행위는 불순종이 아니라 도덕적 분별력과 지혜를 향한 인간의 근본적 욕구를 상징한다고 보는 것이다. 아담과 하와의 서사를 여성의 연약함과 육체의 죄성을 경계하는 서사가 아니라 인간의 주체성과 성장에 관한 서사로 읽는 것이다.[8]

변화한 시대에 맞는 복음의 의미를 깨우치고자 했던 제2차 바티칸공의회는 그리스도론에 대해 어떤 입장을 취했을까? 공의회는 그리스도론의 전제에 근본적인 물음을 던지지는 않았지간, 그 초점을 초자연적 진리에 대한 교의가 아닌 인간의 삶과 세상으로 돌려놓은 것으로 여성신학이 개입할 여지를 남겼다.[9] 공의회가 강조한 육화의 의미는 인간을 향한 하느님의 진실하고 인격적인 사랑의 표현으로, 하느님께서 그리스도를 통해 당신의 전부를 세상에 내어주신, 그리하여 하느님의 본성에 인간이 참여하도록 초대하신 사건이다.[10] 이와 더불어 「사목헌장」은 "모든 사람이 이성적 영혼을 갖추고 하느님의 모습으로 창조되어 같은 본성과 같은 기원을 가지고 있으므로, 또 그리스도께 구원을 받고 동일한 신적 소명과 목적을 지니고 있으므로, 모든 사람의 근본적 평등은 더욱더 인정을 받아야 한다"(「사목헌장」 29항)고 강조하며, 하느님의 모상성에 근거한 평등의 원칙을 명백하게 인정하고 있다.[11] 북미여성신학 1세대 주류 신학자 중 많은 이가 가톨릭 배경에서 나온 것은 공의회가 불러일으킨 변화의 덕이 크다.

개혁주의 여성신학의 그리스도론

흑인 여성신학자로서, 백인중심의 1세대 여성신학적 그리스도론을 더욱 풍부하게 발전시켜 인종과 계급 등 다양한 사회구조적 모순과 교차하는 관점을 제시하는 재클린 그랜트Jacquelyn Grant는 여성신학적 그리스도론이 안고 있는 두 가지 중요한 과제를 지적한다. 하나는 전통적인 남성중심 그리스도론이 어떻게 여성을 억압하는 데 이용되어 왔는지를 드러내는 것이고, 다른 하나는 왜곡된 해석에서 그리스도론을 해방시킴으로써 여성해방을 위한 길 또한 열어놓는 것이다.[12]

그랜트가 제시한 여성신학적 그리스도론의 두 과제를 실현하는 그리스도론은 어떤 것일까? 우선, 성서와 전통을 전거로 그리스도론을 재해석하는 여성신학자들은 예수의 남성성은 단순히 거부하거나 순응하는 양자택일의 문제가 아니라는 점을 기억해야 한다. 성서와 전통이 여성억압을 재생산하는 도구로 사용되는 측면을 비판하는 동시에, 본래의 의미인 해방을 위한 메시지로 재해석해야 한다는 뜻이다. 그러려면 예수의 생물학적 남성성이 여성의 구원에 어떤 의미가 있는지 생각해 보아야 한다.[13] 성서읽기 방법론의 하나인 해석학적 순환(hermeneutic circle)은 이러한 과제를 수행하는 데 도움이 된다.[14]

성서에는 노예제도, 부족중심적 승리주의, 분파적 이기주의, 강간과 살해의 용인 등 21세기를 사는 이들의 시각으로 도무지 이해할 수 없는 부당한 사건과 이념이 숱하게 등장한다. 엘리자베스 쉬슬러 피오렌자가 언급한 '역사적 모형'과 마찬가지로, 해석학적 순환은 이렇듯 텍스트의 삶의 자리와 독자의 삶의 자리 사이에 존재하는 차이를 인정하고, 독자가 자신의 시대적·개인적 경험에 비추어 텍스트를 읽을 수밖에 없다는 것을 전제한다. 하지만 이는 오늘날의 가치관이나 관심사에 따라 성서를 판단하거나 승인, 혹은 거부하는 것을 의미하지 않는다. 해석학적 순환은 텍스트의 메시지를 통해 독자의 삶도 영향을 받고 변화한다는 사실 또한 주목하기 때문이다. 스스로의 경험을 통해 성서를 읽을 때 우리는 비로소 성서의 메시지를 이해할 수 있고, 그렇게 삶으로 들어온 메시지는 우리의 삶을 변화시킨다.

이렇게 새로운 삶의 지평을 여는 나선형 순환 방식으로 우리는 하느님의 말씀을 지표 삼아 살아가게 된다. 해석학적 순환은 시대의 관습과 인간의 이데올로기에 감춰진 복음의 의미를 삶으로 살려내는 데 불가피한 과정이다. 여성신학적 그리스도론의 목적은 여성의 경험을 통해 예수 그리스도를 이해하고, 그를 따르며 그가 가르친 하느님 나라를 살아가는 것이다. 물론 여기서 여성의 경험이란 일반화할 수 있는 것이 아니다. 인종·문화·계급을 비롯해 신체적·정신적 조건 등 교차성 속에 존재하는 다양한 여성의 경험을 통해 구원의 의미를 다시 생각하고 다시 쓸 때 비로소 그리스도론은 모두를 위한 구원의 선포가 될 수 있다.

이러한 의미에서 여성신학자들은 예수의 생물학적 남성성에 집착하는 것이 해석학적 순환을 거부하고 성서의 외피에 붙들려 복음에 다가가지 못하는 것이라 주장한다. 그러기에 복음의 진정한 의미를 지금 여기의 삶으로 되살리려면 무엇보다 예수가 자신의 남성성에 어떤 태도를 취했는지 살펴봐야 한다. 복음서는 이 질문에 명확한 답을 제시한다. 예수는 자신의 몸에 주어진 가부장적 권위에 기댔던 적이 없다. 복음이 선포하는 그의 삶과 죽음은 오히려 가부장적 질서의 폭력성을 증언한다. 마태오복음 1장에 등장하는 예수의 족보에는 유다인 족보로는 이례적으로 다섯 명의 여성이 포함되어 있는데, 그중 예수의 어머니 마리아를 제외하면 모두 당대 남성중심주의의 폭력을 경험하고 살아남은 이방인 여성들이다.[15]

예수의 어머니 마리아 또한, 남편 없이 임신하고 폭압적인 정치를 피해 이주를 감행한 난민여성이었다. 가부장적인 힘의 성격이 강자를 숭상하며 약자를 억압하고 착취하는 것이라면, 예수는 평생 그 힘의 반대편에 살다가 결국 죽임을 당했다. 무엇보다 그가 죽음과 부활을 통해 선포한 하느님 나라는 힘을 통한 폭력의 질서가 사라지고 사랑과 치유의 질서가 자리 잡는 세상이다. 그러므로 나자렛 예수라는 남성의 몸을 통해 일어난 육화는, 역설적으로 그의 죽음과 부활을 통해 가부장적 질서가 전복된 사건이자 해방 역사의 서막이 된다.

예수의 역사뿐 아니라, 여성신학자들이 그리스도론을 재해석하고 재전유한 역사 또한 역설과 해방의 역사다. 예수의 생물학적 남성성이라는 '걸림돌'은 오히려 여성신학자들이 그리스도교 복음의 고갱이를 드러내고 사회적 우상을 파괴하는 가장 강력한 근거가 되었다. 가톨릭과 개신교를 아울러 전개되어온 여성신학적 그리스도론에는 다양하고 풍부한 내용이 있지만 공통적으로 발견되는 특징은 하느님의 권능과 지배, 위계질서, 초월성, 피안성을 강조했던 종래의 그리스도론을 비판하고 예수의 삶과 죽음을 통해 드러난 하느님의 사랑, 하느님과 인간의 관계성, 세상에 존재하는 하느님의 내재성을 부각하며 '지금-여기'의 하느님 나라를 선포한다는 것이다. 그중에서도 소외당한 자들의 인권과 생태적 감수성의 회복이 시급한 요즘 특히 주목할 만한 그리스도론 여성신학자는 개신교전통의 신학자들인 리타 나카시마 브록Rita Nakashima Brock과 샐리 맥페이그Sallie McFague다.

리타 나카시마 브록: '크리스타/공동체'

미국의 아시아계 여성신학자 리타 나카시마 브록은 저서 『마음으로 하는 여정: 에로틱 힘의 그리스도론(Journeys By Heart: A Christology of Erotic Power)』에서, 그리스도론의 진정한 의미는 관계성 속에서 발생하는 친밀한 사랑의 힘, 즉 '에로스'를 통한 공동체적 구원이라고 주장한다. 브록에 따르면 전통적 그리스도론은 육화를 예수 한 사람을 통해 일어난 사건으로 이해한 까닭에 "사랑의 이름으로 자식을 유기한 성부 하느님"과 아버지에게 버림받은 후 "세상의 죄를 구원하는 영웅 그리스도"라는 납득하기 어려운 도식을 만들고 갈았다.[16] 이렇듯 죄, 죽음, 속죄의 언어에 갇힌 그리스도론은 소외된 모든 이의 영혼뿐 아니라 억압에 묶인 육체를 살려내고 나아가 정치·경제·사회적 해방을 선포하는 하느님 나라 비전을 개인적이고 내세적인 영혼구원 사업으로 축소했다. 브록은 "진정으로 그리스도론적인 것, 즉 인간의 삶에서 진정으로 육화의 의미와 구원의 능력을 드러내는 것은 한 개인이 아니라 사람과 사람의 관계성"이라고 주장한다.[17] 즉 육화는 한 남성 개인에게 일어난 사건이 아니라 공동체적 사건이다. 상처받은 치유자였던 예수를 통해 드러난 사랑의 힘, '에로스'가 그를 만난 모든 이의 마음을 변화시켜 서로가 서로를 살리는 공동체적 구원으로 이끌었던 것이다. 복음서는 치유를 원하는 상처받은 이의 마음과 이를 안타깝게 여기는 예수의 마음이 만날 때 발생하는 에로스를 생생하게 증언한다. 예수가 보여준 에로스의 힘은 수직적 관계를 딛고 하달되는 권력이 아니라, 마음에서 우러나는 힘, 몸과 마음을 통해 표현되는 성스러운 사랑의 힘, 즉 육화의 힘이다.[18] 이 힘은 사랑하는 누구나 발휘할 수 있는, 마음과 마음이 얽히는 관계성의 힘으로 생명체들을 살아가게 하는 근본이다.

에로스를 경험한 공동체는, 예수의 제자들 공동체가 그랬듯 스스로의 상처와 고통 속에서 먼저 떠난 사람들에 대한 기억을 딛고 구성원들 서로가 서로에게 용기를 주고 구원이 되는 존재로 남아 생명력을 유지한다.[19] 브록은 영웅적인 신인神人 한 사람에게 집중되었던 가부장적 그리스도론에 대한 대안으로 '크리스타/공동체'를 제안한다. 여기서 '크리스타'란 생물학적 여성 그리스도를 의미하지 않는다. 크리스타는 남성중심주의로 인한 우상과 인습을 타파하는 동시에, 남성구원자 한 사람에 의해 이루어지는 구원이 아닌 사랑을 주고받는 공동체를 통해 경험하는 구원을 표현하는 은유다.[20] 크리스타/공동체에서 구원은 언제나 상호적이며, 지금-여기의 삶에서 이루어지는 상처받은 마음의 치유이며 생명의 회복이다.

샐리 맥페이그: 세상은 하느님의 '몸'

여성신학자들의 그리스도론은 점차 인간중심의 육화를 넘어 생태적 비전으로 확장되고 있다. 생태위기를 바라보는 여성신학자들의 문제의식은 여성과 약자에 대한 억압구조가 생태계에 대한 착취 구조와 동일한 뿌리를 갖고 있다는 데 있다. 사물과 실체의 거리를 임의로 설정해 더 귀한 생명과 덜 귀한 생명을 분류하는 위계질서는 성차별뿐 아니라 생태계 착취 또한 정당화했다. 맥페이그는 여성신학에 입각해 그리스도교에 편만한 위계질서를 비판하고 생태적 그리스도론의 초석을 다진 신학자 중 한 사람이다.

맥페이그는 『은유신학(Metaphorical Theology: Models of God in Religious Language)』, 『풍성한 삶(Life Abundant: Rethinking Theology and Economy for a Planet in Peril)』, 『기후변화와 신학의 재구성(New Climate for Theology: God, the World and Global Warming)』, 『하느님의 몸(The Body of God: An Ecological Theology)』 같은 저서에서 세상을 지배하는 군주로 하느님을 묘사하는 종래의 초월적 신관을 비판하고, 늘 함께하시는 하느님, 즉 하느님의 내재성에 근거해 세상을 '하느님의 몸'으로 보는 새로운 은유를 제시한다.[21] 이 점에서 맥페이그는 "하느님은 사랑이십니다"(1요한 4,16)라는 고백을 모든 생명체의 상호연관성을 표상하는 생태적 지식과 연결한다.[22] 육화에 대한 믿음은 하느님이 사랑으로 세상 속에서, 세상을 통해 몸이 되셨다는 믿음이다.[23] 그런데 하느님은 인간뿐 아니라, 수십억 개의 다른 생명과도 숨을 나누신다. 따라서 육화는 예수 그리스도에게만 계시된 유일회적 사건이 아니라, 하느님이 창조하신 온 세상에 지속적으로 일어나고 있는 사건이자 구원사업이다.

세상이 하느님의 몸이자, 육화가 모든 생명체를 아우르는 전 우주적 사건이라는 맥페이그의 그리스도론은 기후임계점에 이른 오늘의 위기상황에서 신학의 과제를 생태적 실천 문제로 전환시킨다. 전통적인 그리스도교 신학이 성과 속을 나누는 위계질서 속에서 '몸'으로 대변되는 물질세계를 배제했던 것과 달리, 하느님의 몸됨에 토대를 둔 그리스도론은 인간을 비롯해 모든 물질세계가 하느님을 드러내는 성사(sacrament)이며, 따라서 세상의 상처와 고통이 곧 하느님 자신의 상처와 고통이라고 이해할 근거를 마련한다. 하느님을 만나는 자리는 천상과 내세가 아니라 지금-여기의 이 땅과 나와 당신의 삶이다. 신앙은 "세상 속에 존재하는 나의 삶을 긍정하는 것이며, 하느님과 다른 이들로부터 생명을 받고, 또 그 생명을 나누고자 하는" 의지다.[24] 소외된 이를 돌보고, 굶주린 생명체를 먹이며, 온실가스를 줄이려고 일회용품 사용을 자제하는 것이 곧 신앙인으로서 하느님을 만나는 것이며, 하느님 몸의 생명력을 이어가는 것이다.[25]

하느님이 인간이 되셨다는 것

　복음이 타협의 여지없이 선포하는 그리스도교의 진리는 하느님이 인간이 되셨다는 것이다. 나의 성공과 안락과 영광의 든든한 보루로 믿고 싶은 바로 그 하느님이 모든 특권을 버리고 연약한 아기가 되어 세상에 오셨다는 것이다. 그 하느님을 믿는다는 것은 그의 제자가 된다는 것이며, 그의 삶을 본받아 산다는 것이다. 내게 주어진 특권이 생물학적인 성이든, 돈이든, 권력이든, 지식이든, 그 특권이 부여하는 힘을 거슬러 살며 상처받은 몸들과 함께한다는 것을 의미한다. 이는 우리가 종종 너무 쉽게 무시하는 그리스도교의 본질이다. 여성신학적 그리스도론은 바로 그 본질을 일깨운다.

더 생각해 볼 질문들

- 에드위나 샌디스의 작품 〈크리스타〉가 불러일으키는 논란과 그 의미를 어떻게 생각해야 할까? 이러한 예술작품이 신학적 담론에 미치는 영향은 무엇일까?

- "남성구원자가 여성을 구원할 수 있는가?"라는 로즈마리 류터의 질문은 오늘날에도 유효한가? 이 질문이 한국 교회 현실의 맥락에서는 어떤 의미가 있을까?

- 해석학적 순환방법론을 통해 성서와 전통적인 그리스도론을 재해석할 때, 현대 한국 여성들의 어떤 경험이 중요한 해석학적 예시가 될 수 있을까? 마르코복음 7장 24절~30절에 등장하는 시리아 페니키아 여인의 믿음 이야기를 해석학적 순환방법론을 통해 해석해 보자.

- '크리스타/공동체' 개념이 제시하는 "사랑을 주고받는 공동체를 통한 구원"이라는 관점은 한국 교회 내 위계적이고 권위주의적인 관계들을 어떻게 변화시킬 수 있을까? 브록이 제시하는 '상처받은 치유자'로서의 예수 이미지는 현대인의 고통과 소외 문제를 이해하고 해결하는 데 어떤 통찰을 제공하는가?

- 샐리 맥페이그의 "세상은 하느님의 몸"이라는 생태적 그리스도론이 제시하는 '하느님의 내재성' 개념은 전통적인 가부장적 초월신 개념을 어떻게 도전하거나 보완하는가? 생태적 그리스도인은 한국 사회의 신자유주의 경쟁지상주의와 성과주의에 어떻게 도전할 수 있을까? 한국 가톨릭교회는 기후위기에 어떻게 대응하고 있으며, 생태적 그리스도론은 여기에 어떤 기여할 수 있을까?

- '모든 사람이 하느님의 모습으로 창조되었다'는 평등의 원칙은 한국 사회에서 이주민, 여성, 성소수자, 장애인들의 인권보호에 어떻게 적용될 수 있는가?

- 한국 교회에서 예수의 남성성이 여성신자들의 리더십과 참여를 제한하는 근거로 이용되는 구체적 사례들은 무엇이며, 이를 어떻게 극복할 수 있을까?

- 원죄에 관한 전통적인 입장은 어떤 면에서 여성혐오를 부추기는지 예를 들어보자. 또한 전통적 교리의 관점에서 볼 때, 원죄론은 여성의 구원 가능성을 어떤 방식으로 제한하는가?

6장

내어주고 나누는 삶을 향한 부름
삼위일체 교리와 여성신학

"삼위일체 교리를 이른바 '이단'적 논지를 피해 10분 이상 풀어내는 신학자를 보지 못했다." 대학원 시절 어느 선생님께 들었던 자조 섞인 농담이다. 그만큼 삼위일체 교리는 이해하기도, 설명하기도 어렵다는 뜻이다. '하느님은 한 분이시지만 분리되지 않는 성부, 성자, 성령의 세 위격位格(Hypostasis)으로 존재하시며, 이 세 위격은 적적으로 동일하고 영원하며 전능하신 한 하느님이시다.'로 요약되는 삼위일체 교리는 오랜 기간에 걸친 뜨거운 신학적 논쟁 끝에 교회의 공식적인 가르침이 되었다.[1] 교회는 325년 니케아공의회에서 성자 예수가 성부 하느님과 영원 전부터 함께 있었으며 '동일실체(homoousios)'임을, 381년 콘스탄티노플공의회에서는 성령 또한 성부 하느님과 동일 실체임을 확정했다.

하지만 '삼위이자 일체인 하느님'이란 과연 무슨 뜻일까? 이렇듯 이해하기도 설명하기도 힘든 논리가 교회의 신앙고백이 된 이유는 무엇일까? 삼위일체론은 여성신학자들에게도 뜨거운 감자다. 여성신학자들은 삼위일체 교리가 '아버지'나 '아들' 같은 남성중심적 이미지로 표현된 까닭에 가부장적 세계관을 규범화하고 남성의 권위에 종속된 여성의 지위를 정당화하는 도구로 작용해왔다고 비판하기도 한다. 삼위일체론을 추상적이고 가부장적인 언어에 가두지 않고 달리 표현할 길은 없을까?

신학은 궁극적으로 보이지 않는 것, 말할 수 없는 것에 관한 학문이다. 따라서 신학에는 과학이나 논리로 입증할 수 없고, 그리 시도해서도 안되는 영역이 존재한다. 이렇듯 인간의 이성을 뛰어넘는 신비가 학문과 교리의 영역으로 들어온 계기는 초기 그리스도인들의 하느님 체험이다. 즉 교리의 출발은 형이상학적 사변이 아니라 삶을 통한 체험이다. 그러므로 교리를 이해하려면 삶과 분리해 이성적 논리로 접근하거나 무조건 암기하기보다 교리가 형성된 역사와 배경을 먼저 공부해야 한다. 이해하기 어렵고, 이해한다고 해도 받아들이기 힘든 교리들을 새롭게 해석하는 것 또한 삶을 통해 접근할 때 가능하다. 삼위일체 교리도 마찬가지다. 삼위일체 교리는 하느님의 실체와 속성에 대한 교리일 뿐 아니라, 초기 그리스도교가 하느님과 인간과 세계의 관계를 이해하는 데 필요했던 사목의 토대이기도 하다. 이번 장에서는 삼위일체론을 어떻게 삶으로 되돌려 우리의 신앙고백을 표현하는 신학으로 삼을 수 있을지 살펴보자.

초기 그리스도교와 교부시대의 삼위일체 교리

구약성경에 드러난 유일신 하느님을 믿었던 초기 그리스도인들은 예수 그리스도의 죽음과 부활, 그분이 보내신 성령의 역사를 경험하면서 한 분이신 하느님이 아들이신 예수 그리스도와 보호자이신 성령으로 존재한다는 것을 고백하게 되었다.[2] 직접 경험했지만 입증이 불가능한 삼위일체 하느님의 실체와 더불어 하느님과 세상의 관계를 새로 입교한 신자들에게 어떻게 전달할 것인가? 초기 그리스도인들에게는 이것이 중대한 과제였다. 교부신학자들은 두 가지 방식을 추구하는데, 이중 하느님의 내적 실체에 대한 관상(contemplation)에 집중하며 하느님과 인간의 일치(Union with God)로 나아가는 신학적 접근을 '테올로기아theologia'라고 하며, 그리스도의 죽음과 부활을 통해 인간의 구원, 세상의 회복으로 나아가는 신학적 접근을 '오이코노미아oikonomia'라고 한다.[3] 이 두 접근은 궁극적으로 하느님의 구원계획에 관한 것이라는 공통점이 있다.

서로 보완하며 공존했던 두 가지 접근방식이 분리된 계기는 성자 예수의 신성을 부인한 아리우스Arius(260~336)[4]의 주장을 반박하기 위해 교회가 삼위일체 하느님의 일치된 신성을 강조하기 시작한 니케아공의회 전후다.[5] 교부신학자들은 하나이신 하느님을 설명하기 위해 앞장에서도 잠시 언급했던 그리스 철학의 실체론을 참고했다. 플라톤과 아리스토텔레스에게 실체(ousia/substance)란 존재의 참된 속성을 의미한다. 실체는 단일하며, 시공간의 영향을 받지 않기에 변화하지 않는다. 그러므로 신학적으로 하느님의 세 위격을 '동일 본체'라고 표현하는 것은 하느님은 하나이며 참되고, 영원토록 변화하지 않는 분임을 전제한다. 그리스철학의 실체론은 세 위격의 일치와 통일성을 표현하는 데는 효과적이었지만, 삼위일체 하느님과 세상의 관계를 표현하기에 적절한 방법론은 아니었다. 존재가 관계를 맺는다는 것, 관계 속에 살아있다는 것은 상대와 영향을 주고받고 변화한다는 것을 뜻하기 때문이다.

특히 하느님의 실체를 기억, 이해, 의지 등 인간 마음의 작용을 통해 설명한 아우구스티노Augustine 이후 라틴 전통은, 삼위일체 하느님의 '내적연관성(intratrinitarian relationship)'을 강조하는 한편, 하느님의 본질에 대해서는 영원불변의 실체로 남겨두는 방식으로 발전하게 되었다. 스스로를 세상에 드러내시고 인간의 역사를 통해 구원을 성취하시는 '오이코노미아'의 하느님이 마치 실체와 분리되어 따로 존재하는 것처럼 묘사하게 된 것이다.[6] 결국 세상의 구원을 이루려 인간이 되신 성자 하느님과, 돌보고 도우며 성화로 이끄시는 성령 하느님을 그저 성부 하느님의 부차적 존재로 이해하게 되었다.[7] 이렇게 고전적 삼위일체론은 초기 그리스도인이 경험했던 하느님의 세 위격을 통한 구원의 의미를 상실하고 삶의 현장과 분리된 형이상학이 되어버렸을 뿐만 아니라, 하느님을 인간의 고통에 감응하지 않는(divine impassibility) 초월적 절대주권자로 상상하는 결과를 초래했다.

관계 속에, 관계를 통해 존재하는 하느님

근현대의 신학자들은 고전적 삼위일체 교리의 한계를 인정하고, 초기 그리스도인들이 그랬듯 인간의 구원경험과 연관지어 삼위일체 하느님을 설명할 길을 모색하기 시작한다. 예수 그리스도의 구속행위와 성령의 현존을 통해 인간과 적극적으로 관계하시는 하느님의 사랑에 초점을 두고 삼위일체론을 재조명하게 된 것이다.

삼위일체 교리를 재해석한 많은 신학자 중에서도 칼 라너Karl Rahner(1904~1984)의 업적은 특히 주목할 만하다.[8] 라너는 삼위일체 하느님의 내적 실체, '테올로기아'를 강조하는 내재적 삼위일체(Immanent Trinity)와 하느님의 구원계획, '오이코노미아'를 강조하는 구원경륜적 삼위일체(Economic Trinity)의 일치를 주장했다.[9] 라너에 따르면, 하느님의 구원활동은 하느님의 실체와 분리되어 생각할 수 없다. 즉, 세 위격의 '자기소통(God's self-communication)'을 통해 하느님의 내적 실체가 드러난 것이 곧 구원이다.[10] 사랑이신 하느님은 당신의 사랑을 드러내고 전달하려 인간을 창조하셨다. 하느님의 '자기소통'은 인간이 그저 수동적으로 하느님 뜻에 따라 움직이는 것이 아니라, 자유로운 의지를 가진 동반자로서 당신의 사랑을 놀라운 선물로 경험하고 구원에 이르기 위한 전제다.[11] 하느님의 자기소통이 역사적으로 인간의 육체 안에 나타난 분이 바로 성자 하느님이며, 인간이 믿음, 소망, 사랑 안에서 하느님의 자기소통을 수용하도록 돕는 분이 성령이다. 라너의 가장 큰 공헌은 삼위일체 교리를 신학의 중심에 위치시켰다는 것이다. 즉, 삼위일체 교리는 성부·성자·성령 하느님으로 존재하는 하느님의 실체와 하느님의 구원계획을 일치시키는 것으로 우리가 예수 그리스도를 연구하든, 구원의 문제를 다루든, 교회에 대해 말하든, 삼위일체 하느님을 항상 중심에 놓았다.

위르겐 몰트만Jürgen Moltmann(1926~2024)은 삼위일체론이 지닌 공동체적·실천적 함의를 부각했다. 몰트만은 고전적 삼위일체 교리가 하느님의 단일성을 강조한 결과로 고통에 무감한 절대군주 이미지로 하느님을 형상화하게 되었다며, 이는 곧 사회의 위계질서와 정치적 독재에 신학적 정당성을 부여하는 결과를 낳았다고 지적한다. 성부 하느님은 아들이 죽어가는 과정을 무감하게 지켜본 잔인한 아버지가 아니다. 성부는 성자 안에서, 아들과 함께 고난당했다. '사회적 삼위일체론'이라고도 불리는 몰트만 신학의 특징은 각 위격의 독자성을 인정하되 성부·성자·성령의 평등하고 상호적인 관계를 강조하는 것이다. 삼위일체 하느님은

"하나(einig)이지 한 분(einer)은 아니다"[12]라며 그는 고전적 삼위일체 교리에 대한 대안으로 세 위격의 '페리코레시스 perichoresis적 공존'을 제안하는데, 이는 동방교회 전통에서 발전한 개념으로 세 위격이 '서로와 함께(miteinander)' 모든 것을 공유하며, 상호내재와 상호침투의 방식으로 존재한다는 뜻이다. 즉 페레코레시스로서 삼위일체 하느님은 깊은 사랑에 기반한 인격적 사귐을 통해 서로 침투하고 연합해 상대방 안에 존재하지만, 각자의 고유성을 해치지 않으며 마치 춤추듯 끊임없이 움직인다.[13] 몰트만은, 수직적 서열에 기반한 권위와 명령이 아니라 사랑과 신뢰를 통한 조화로운 친교를 통해 존재하는 세 위격 사이의 관계를 하느님의 형상을 닮고자 하는 공동체가 담보해야 할 원칙으로 제시한다. 교회공동체는 수직적 질서, 획일성과 위계가 아닌 평등과 상호존중에 기반한 다양성 속의 일치를 추구해야 한다.[14]

삼위일체 하느님과 여성신학

여성신학자들의 삼위일체 신학은 공통적으로 억압이 존재하는 삶의 현실에서 출발하며, 사변적 형이상학이 하느님의 실체를 이해하는 전제가 될 수 없다는 점을 강조한다. 삼위일체 교리는 무엇보다 하느님과 세상의 관계, 그리고 하느님의 모상을 품은 모든 생명 사이의 관계에 대한 가르침이며, 삶 속에서 하느님의 신비를 묵상하고 성찰하기 위한 틀이다.[15] 따라서 삼위일체 교리는 여성과 약자에 대한 억압과 불평등으로 얼룩진 사회와 교회의 위계적 질서를 근본적으로 비판할 단초를 제공한다.

여성신학자들은 우선 고전적 삼위일체 교리가 채택하는 가부장적 언어와 이미지를 비판한다.[16] 특히 엘리자베스 존슨Elisabeth Johnson은 『하느님의 백한 번째 이름: 페미니스트 신학 담론에 나타난 하느님의 신비(She Who Is: The Mystery of God in Feminist Theological Discourse)』에서 아버지, 아들과 같은 남성적 상징으로 하느님을 표현하는 관습이 그리스도인의 영성에 간과할 수 없는 효과를 만들어 낸다고 지적하며, 이렇듯 일상에 배태된 가부장적 이데올로기가 여성을 배제하고 종속시키는 교회의 위계질서를 지탱해왔다고 주장한다. 하느님을 성부로만 고백하는 것은 전지전능한 남성적 군주의 이미지를 강조하는 것이며, 성자 하느님의 생물학적 남성성은 이러한 가부장적 상징체계를 더욱 강화한다. 이러한 고전적 삼위일체 교리에서 성령 하느님의 존재는 미미할 뿐이다.

존슨은 구약과 신약에서 하느님을 가리키는 다양한 여성 이미지, 예를 들면 지혜, 어머니, 생명의 기운(ruah), 어미새, 땅, 생명수, 어린양 등을 발굴하여, 하느님의 특성에 여성적 인격성이라 할 수 있을 관계성, 생명력, 돌봄, 상호주체성 또한 포함되었음을 일깨운다. 이들 본문에서 강조하는 여성적 상징 '지혜-소피아(Wisdom-Sophia)' 또한 창조하고 구원하며 세상을 성화하는 하느님을 일컫는다. 하느님은 '하느님-그분(남성)'일 뿐 아니라, '하느님-그녀' 즉, 거룩한 지혜 자체인 어머니 소피아이며, 가없는 사랑으로 인간이 되신 예수 소피아이며, 돌보고 이끄시는 성령 소피아이기도 하다. 이러한 하느님은 세상에 군림하며 고립된 영광으로 다스리는 군주가 아니라, 당신의 몸을 내어 사랑으로 생명을 낳고 돌보는 어머니 하느님이다.

캐서린 모리 라쿠나Catherine Mowry LaCugna의 저서 『우리를 위한 하느님: 삼위일체와 그리스도인의 삶(God for Us: The Trinity and Christian Life)』은 언어적 표상에 대한 비판을 넘어 치밀한 역사적·신학적 성찰을 통해 삼위일체 교리를 삶과 신학과 연결하고 가부장제 질서에 도전하는 강력한 패러다임으로 제시한다. 테올로기아와 오이코노미아의 분리를 날카롭게 비판하는 라쿠나는, 삼위일체 하느님의 실체를 분석하고 파악하여 답을 찾으려는 신학적 시도는 시작부터 잘못되었다고 지적한다. 라쿠나는 내재적 삼위일체론과 구원경륜 삼위일체가 분리될 수 없는 원리를 제시했다는 점에서 라너의 공로를 인정하지만, 라너의 삼위일체 신학이 여전히 삼위 하느님의 '자기소통'에 중점을 두었다는 점에서 한계가 있다고 말한다.[17] 라쿠나에 의하면, 삼위일체론의 중심은 관계성이다. 이 관계성은 삼위일체 하느님 내의 관계에 국한되지 않는다. 인류가 예수 그리스도를 통해 성령 안에서 하느님의 삶에 관계하게 되었다는 믿음은 하느님과 세상의 관계 또한 삼위일체적이라는 것이라는 고백이다. 그러므로 '하느님의 실체'와 '하느님의 구원' 즉 '하느님 자체이신 하느님(God in se)'과 '우리를 위한 하느님(God pro nobis)'은 따로 존재하지 않는다.[18] 하느님이 삼위일체로서 존재한다는 말은 곧 하느님이 세상과 함께하시며, 세상을 위해 존재하신다는 뜻이다.[19] 내재적 삼위일체와 구원경륜적 삼위일체를 함께 생각할 때 우리는 비로소 사랑과 자기 비움, 약자와의 연대가 하느님의 본성임을 확인하게 된다. 라쿠나는 나아가 하느님의 통치권이 성부 하느님께만 속한 것이 아니라, 하느님의 세 위격에 속한다고 말한다. 하느님의 통치는 공유와 나눔에 기반한 관계적, 상호 주체적, 인격적인 특성을 갖기 때문이다. 따라서 삼위일체 교리는 교회와 사회에 존재하는 모든 형태의 지배와 위계질서에 도전할 원칙과 근거가 된다.

삼위일체 하느님과 삶의 공동체

삼위일체론은 신비지만 삶과 분리된 신비가 아니다. 초기 그리스도인들이 경험하고 고백했듯 삶 속에서 이해되어야 한다. 아울러 지배와 군림의 역사를 정당화하는 교리가 아니라, 예수 그리스도의 죽음과 부활 그리고 성령의 활동 안에서 우리가 경험하는 하느님을 표현하고 이해하는 교리로 자리매김해야 한다. 삼위일체 교리를 통해 고백하는 하느님은 오로지 사랑하시기에 세상을 창조하셨으며, 당신의 힘과 권위를 비워 인간이 되셨으며, 세상의 고통을 함께 짊어지는 하느님이다. 이 하느님은 당신의 형상대로 지어진 모든 이가 교회와 세상을 상호존중과 변혁의 공동체로 바꿀 주체로 서게 하시는 하느님이다.

인간에게 깃든 '하느님의 형상(Imago Dei)'란, 어떤 능력이나 특성을 부여하는 단일한 신적 실체가 아니라, 하느님과 인간의 근본적 관계를 의미한다.[20] 인간이 삼위일체 하느님의 형상으로 태어났다는 것은 하느님의 세 위격이 서로의 관계성 속에 존재하듯, 인간 또한 다른 이들과의 관계성 없이는 어떠한 인격적 정체성도 갖출 수 없다는 뜻이다.[21] 하느님의 형상은 그러한 개인 안에 있다기보다, 공동체 속에서 살아가는 개인들의 관계 안에 있다.[22] 하느님을 닮는다는 말은 삼위일체 하느님의 상호성, 개방성과 사랑을 일상에서 살아내야 한다는 뜻이다. 나와 하느님과의 관계, 나와 다른 이들과의 관계 속에서 실현해야 한다는 말이다. 즉, 하느님의 세 위격이 그렇듯 서로로 인해, 서로를 통해, 서로를 위해 살아가는 것이다. 다른 이들을 나의 목적을 위한 수단으로 보거나, 나의 필요를 충족시키기 위한 도구로 보지 않고, 나의 삶과 존재가 그들로 인해 가능함을, 서로 기댈 때만 우리가 살아갈 수 있음을 인정하는 것이다.[23] 바로 이렇게 삼위일체적 관계성으로 이웃을 바라볼 때, 우리는 하느님을 사랑하라는 계명과 이웃을 사랑하라는 계명이 분리될 수 없음을 깨닫는다. 구원은 이렇듯 삼위일체 하느님의 사랑의 사귐에 참여해 사랑으로 살아가는 것이다.

더 생각해 볼 질문들

- 초기 그리스도인들은 테올로기아(하느님의 본성과 하느님과의 일치를 강조하는 신학)과 오이코노미아(그리스도를 통한 구원과 회복에 중점을 둔 신학)로 삼위일체를 설명하려 했다. 니케아공의회 즈음에 이 두 개념이 분리된 것은 하느님과 세계의 관계를 이해하는 데 어떤 영향을 미쳤을까?

- 그리스철학의 영향을 받은 그리스도교 신학은 하느님을 '불변하는 실체'로 보았다. '변하지 않는 실체'로 하느님을 이해하는 것은 하느님과 인간의 관계를 해석하는 데 어떤 영향이 있을까?

- 현대 신학자들이 지적하는 고전적 삼위일체 교리의 주요 한계와 문제점은 무엇일까? 고전적 삼위일체 해석이 교회와 사회에서 위계구조를 강화한다면, 몰트만과 라쿠나가 제시한 관계적 삼위일체는 어떻게 평등과 상호존중을 지지해주는가?

- 여성신학적 삼위일체 교리는 공동선과 사회정의 실현에 어떻게 적용될 수 있을까? 여성신학적 삼위일체론이 사회의 불평등과 분열을 해소하기 위한 새로운 관점을 제시할 수 있을까?

- 몰트만, 라쿠나가 제시한 삼위일체적 관계모델로 하느님의 모상을 이해한다면, 하느님의 모상은 개인주의적 자아 개념과 어떻게 다르며, 오늘날 인간관계와 공동체에 대한 이해에 어떤 영향을 끼칠수 있을까? 삼위일체적 관계모델로 인간과 비인간 생명체와의 관계 또한 다시 상상해본다면 어떤 표현과 비유가 가능할까?

- 삼위일체적 사랑의 공동체에 참여하고 살아가는 것이 구원의 시작이라고 제시하는 여성신학적 해석이 전통적인 구원관과 가장 큰 차이를 보이는 지점은 무엇일까? 여성신학적 삼위일체론을 적용할 경우, 구원이라는 신앙인의 궁극적 여정을 어떠한 방식으로 새롭게 이해할 수 있을까?

- 전통적 삼위일체 교리에서 사용되는 가부장적 언어(예: 아버지, 아들)가 교회의 전례와 공동체 문화에 미치는 영향은 무엇일까? 이러한 가부장적 언어 대신, 어떤 언어로 하느님을 찬양하며 하느님께 기도할 수 있을까?

7장

몸으로 살아가는 교회
제2차 바티칸공의회의 교회론과 여성

한스 큉Hans Küng(1928~2021)은 스위스 출신 가톨릭 사제이자 개혁 성향의 신학자로, 제2차 바티칸공의회의 신학자문위원을 역임하는 등 교회쇄신에 큰 공헌을 했다. 허나 그는 전통적인 교리에 의문을 제기하며 교황청 신앙교리부와 갈등을 빚었고 이로 인해 교회법적으로 가르침에 관한 일체의 권한을 박탈당했다.[1] 큉의 신학적 노선을 반대하는 이들과 지지하는 이들은 각각 다른 이유로 그에게 로마가톨릭과 결별할 것을 권했다. 하지만 그는 끝까지 신자이자 사제로 교회에 남았다.[2] 그는 교회를 비판하는 것이 교회를 포기하는 것을 의미하지는 않으며 오히려 교회를 사랑하는 또 다른 표현이라 믿었다.

퀑과 바티칸의 갈등은 세계적으로 이목이 집중되며 논란이 되었다. 그러나 상당수 교회 내 여성들은 이런 논란조차 부러울 따름이다. 가부장제로 얼룩진 교회 안에서 여성들의 목소리는 존중받지 못하고 때로는 존재 자체도 인정받지 못하는 것이 현실이다. 결국 누군가는 떠났고, 누군가는 남았다. 각자의 믿음과 삶의 방식을 택하는 지점에서 누가 비난의 활시위를 당길 수 있을까? 나는 남는 것을 택했다. '유토피아적 교회'란 존재하지 않으며, 오류와 허물을 지닌 신앙공동체일수록 복음의 메시지를 더욱 선명하게 들을 수 있다고 믿기 때문이다. 성숙한 공동체를 관찰해보면 지도자에게 해결책을 독촉하기보다는 구성원들이 함께 문제에 직면해 서로 묻고 답할 능력이 있다는 공통점을 발견하게 된다. 산적한 문제들을 단번에 해결하려는 태도는 자칫 또 다른 상처를 만들기 쉽다. 우리에겐 문제와 함께 뒹굴 수 있는 인내와 유연함이 필요하다.

이번 장에서는 가톨릭교회의 정체성을 가장 두드러지게 표현하는 두 교리, 성체성사와 교회론에 대해 이야기해보자. 중요한 두 개의 주제를 하나로 묶은 이유는, 우선 가톨릭교회는 성체성사와 분리되어 존재할 수 없기 때문이다.

앙리 드 뤼박 추기경Henri de Lubac, S.J.(896~1991)이 말했듯, 성체는 교회를 세우고 교회는 성체를 만든다.³ 이 두 교리가 '가톨릭교회의 교회됨'을 결정하는 가르침이라면, 교회 내 여성들은 여성의 언어와 경험으로 이 가르침에 대해 질문하고 사유할 수 있어야 한다.

이 두 가지 요소를 함께 다루는 또 다른 이유는 신앙인이자 신학을 하고 있는 내 자신의 실존적 고민에 맞닿아있기 때문이다. 내가 가톨릭신자가 된 결정적 계기는 성체성사를 통한 은총의 체험이었다. 머리로 신학을 하던 스물아홉 살의 내게, 빵과 포도주가 우리를 위해 바친 그리스도의 몸과 피라는 고백이 쑥, 하고 가슴으로 들어왔다. "그를 받아 먹고 마실 때 그와 하나의 몸이 된다"⁴는 믿음의 무게와 아름다움이, 인간의 제한된 언어와 좁은 지평의 이성을 뛰어넘는 신비로부터 오는 것임을 비로소 나는 '느꼈다'. 성체성사를 통해 우리가 받아 먹는 그리스도의 몸은, 교회라는 그리스도의 몸과 분리될 수 없다. 성체와 교회는 둘 다 한 분인 그리스도의 신비체(Mystical Body)이다. 하지만 여성의 경험을 통해 교회론을 이야기할 때는 바로 이 지점에서 갈등이 시작된다. 성체성사를 통해 살아있는 그리스도와 한 몸이 되는 여성가, 같은 그리스도의 몸인 교회 안에서 이등 시민 취급을 받고 정당한 몸으로 대우받지 못하는 현실 말이다. 이 간극에 대해 여성은 어떤 질문을 던지고, 어떤 이야기를 풀어갈 수 있을까? 우선 제2차 바티칸공의회가 언급하는 교회론을 바탕으로 교회의 본질과 목적에 대해 간략하게 살펴보는 데서 시작해 보자. 이어서 '그리스도의 몸'을 강조하는 공의회의 교회론이 어떻게 여성신학의 비전을 반영할 수 있을지 질문해 보자.

세상을 향해 열린 그리스도의 몸: 제2차 바티칸공의회의 교회론

제2차 바티칸공의회는 교회를 '하느님 백성(the People of God)'으로 정의한다. 공의회 이전까지 '하느님 백성'은 평신도를 일컫는 개념으로, 교계제도 상위에 존재하는 성직자가 교회고 평신도는 다스림을 받는 백성으로 간주되었다. 그러나 공의회 이후 '하느님 백성'은 평신도뿐 아니라 사제, 주교, 교종까지 그리스도를 따르는 모든 이들을 포함하는 개념이 되었다.[5] 교계제도나 외형적 건물이 아니라 하느님의 구원을 선포하고 복음에 따라 살아가는 '믿는 이들의 모임'이 교회라는 뜻이다. 교회를 모든 인류를 향해 열려있는 인간들의 공동체, 인격적 존재로 이해하기 시작한 것이다. 여성과 남성, 성소수자와 이성애자, 장애인과 비장애인, 이주민과 선주민, 이들 모두가 교회이며 성령께서 이들 모두와 함께 하시기에 모두 함께 그리스도 현존의 징표로 살아가야 함을 의미한다.[6]

교회가 변화하는 세상에서 살아가는 사람들의 공동체라면, 그 사람들이 몸담고 사는 세상에 대한 인식 또한 변화해야 한다. 「사목헌장」 1항은 "기쁨과 희망(Gaudium et spes), 슬픔과 고뇌, 현대인들, 특히 가난하고 고통 받는 모든 사람의 그것은 바로 그리스도 제자들의 기쁨과 희망이며 슬픔과 고뇌이다'라는 문구로 시작한다. 교회와 세상의 이분법적 도식을 폐기하고, 세상이 교회 밖에 존재하는 것이 아니라 하느님의 활동을 발견하는 의식적인 현존의 장소라 보며, 세상의 기쁨과 희망, 슬픔과 고뇌를 교회의 기쁨과 희망, 슬픔과 고뇌로 받아 안게 된 것이다.[7] 세상과 인간이 교회를 '위해서' 존재하는 것이 아니다. 교회가 세상 속에 있는 인간, '하느님 백성'을 섬기며 모든 이들에게 차별 없이 존재하는 하느님의 모상을 드러내기 위해 존재한다. 따라서 교회는 세상과 인간을 판단하고 정죄할 것이 아니라, 가부장제를 포함한 모든 역압의 반대편에서 인간을 지키며 그로

부터 해방시킬 것을 사목의 목표로 삼아야 한다.[8]

공의회는 또한 교회를 '성사(the sacrament)'로 정의하며, 교회가 갖고 있는 성사성(sacramentality)을 강조한다. 여기서 성사란 '보이지 않는 하느님의 은총을 삶으로 드러내는 모든 표징'을 일컫는 말이다.[9] 성사로서의 교회란 「교회헌장」에 나와 있듯 "하느님과의 깊은 일치와 전 인류의 깊은 일치를 표시하고 이루어주는 표지요 도구"를 의미한다.[10] 성사의 특징은 보이는 것과 보이지 않는 것, 즉 '이미와 아직(Already But Not Yet)' 사이의 긴장 속에 존재한다는 것이다. 그러므로 교회가 성사라는 말의 의미는 교회가 하느님 나라와 동일하지는 않지만 현세를 살아가며 하느님 나라를 이 세상에 나타내 보여주는 표징이 되어야 한다는 말이다. 교회는 완성체가 아니므로 그 자체를 위해서 존재하지 않으며, 그 자체로 숭배 받을 수 없다. 가톨릭신앙의 근원이 되는 원성사(Primordial Sacrament), 즉 하느님의 은총을 온전히 드러낸 표징은 인간이 되신 하느님, 육을 취해 강생하신 그리스도 예수다. 교회의 존재 근거는 예수 그리스도의 삶과 죽음, 그리고 그의 부활에 근거한다. 그러므로 교회는 성체성사를 통해 십자가에서 수난하고 돌아가신 그리스도의 희생을 기억하며 감사하고, 그가 몸소 내어주신 생명의 양식과 구원의 음료를 한 식탁에서 나눈다. 슬픔과 고뇌로 가득한 이 세상에서 우리가 성체성사를 통해 그리스도와 한 몸이 된다는 것은 어떤 의미가 있을까?

'살덩어리'를 입고 오신 예수님과 그의 몸인 교회

신약성경에는 '몸'을 묘사하는 그리스어 단어로 "사륵스(sarx)"와 "소마(sôma)"가 등장한다.[11] 사륵스는 인간의 육체, 살덩어리를 이르는 단어로 유한성, 나약함, 욕망, 어리석음 등에 쉽게 영향 받는 몸인데 비해, 소마는 인격적 구성체, 즉 완성된 한 사람의 인간 존재를 이르는 포괄적 개념의 몸이다.[12] 공관복음과 바오로서간은 '소마'라는 단어로 그리스도의 몸을 표현하지만, 요한복음은 '사륵스'를 선호한다. 요한복음의 예수가 "내 살은 참된 양식이고 내 피는 참된 음료다. 내 살을 먹고 내 피를 마시는 사람은 내 안에 머무르고, 나도 그 사람 안에 머무른다"(요한 6,55-56)라고 했을 때 그 '살'을 뜻하는 말로 사륵스가 사용된다. 예수가 우리 모두와 마찬가지로 취약한 살덩어리 '사륵스'를 입고 태어났다는 것, 하느님의 돋이 이 살덩어리가 되었다는 점을 강조하는 것이다.¹³ 예수는 숨 쉬고 먹고 자고 땀 흘리는, 추위와 배고픔을 알고, 기쁨과 슬픔, 희망과 고뇌를 느끼는 몸으로 우리와 마주했다. 그는 결국 상처투성이로 십자가에 달려 죽었으며, 역설적이게도 바로 그 몸을 나눔으로써 죽어 없어지지 않는 생명 또한 나누었다.¹⁴

성체성사 신학의 근간을 세운 5세기 이전의 신학자들은 예수의 그 몸이 시공간을 넘어 우리 모두의 몸과 접촉하고 하나 되는 성사의 신비를 신학적인 언어로 풀어냈다.¹⁵ 그들은 예수가 자신을 '생명의 빵'이라 표현했다는 것과, 빵을 나누는 행위를 통해 자신의 몸을 제자들과 나누었다는 사실에 주목한다. 빵이 잘게 부서져 우리의 살아있는 몸에 섭취되어 생명을 지속시키듯, 빵을 나누는 영성체를 통해 예수의 몸이 우리 몸으로 들어가 몸의 일부가 되어 우리 몸을 변화시킨다.¹⁶ 하지만, 그리스도의 몸이 우리 몸의 일부가 된다는 것은 그의 몸이 우리 몸으로 환원된다는 뜻이 아니다. 빵의 형태로 쪼개지고 나뉘되 여전히 살아있는 하느님의 몸이 우리 몸에 들어와 우리를 변화시키고 살게 한다는 말이다.¹⁷ 성체성사는 이렇듯 보이지 않는 신비와 숨 쉬고 생성하는 몸이 결합하는 신비다.

성체 속에 현존하는 예수의 몸과 관련된 성서적·신학적 배경은 가톨릭교회의 정체성과 본질을 드러낸다. 이 '몸'

과 관련하여 공의회의 교회론과 교회의 성사성을 바라본다면 어떤 이야기를 할 수 있을까? 앞 장에서도 언급했듯, 가부장적 신학 전통은 원죄의 책임을 여성에게 돌리고 여성의 몸과 성性을 죄악시하며 위험한 존재로 규정해왔다. 남성은 정신-영혼-능동적 존재로, 여성은 물질-육체-수동적 존재로 간주하여, 여성은 하느님의 형상을 온전하게 지니지 못한 존재로 낙인찍었다. 여성은 영적인 삶을 살기에 너무 육적인 존재라 가르쳐온 것이다. 그러나 가톨릭교회의 정체성을 드러내는 그리스도의 몸은 역사 안으로 들어온 인간 예수의 몸, 유한성과 욕망, 감정을 갖고 관계성 속에 살아간 '사륵스'다.

그렇기에 그리스도교 신앙은 몸과 영을 이분법적으로 나누기보다, 몸으로 살아온 삶을 고백해야 한다. 특히 여성의 몸을 무시하거나 억압하는 것이 아닌, 몸을 긍정하고 몸의 경험이 영적 경험의 바탕임을 인정해야 한다. 샐리 맥페이그를 비롯한 많은 여성신학자들은 '창조, 강생한 그리스도, 몸과 피를 기억하는 성찬례, 몸의 부활, 하느님의 몸인 세상' 등의 표현을 통해 그리스도교 신앙이 본질적으로 '몸'에 기반을 두고 있다고 주장한다.[18] 여성신학자들 뿐만 아니다. 빙엔의 성녀 힐데가르트 Hildegard von

Bingen(1098~1179), 시에나의 성녀 카타리나Santa Caterina da Siena(1347~1380) 등 많은 중세 여성신비가들 역시 자신의 몸을 통해 그리스도의 현존을 체험하고, 그리스도의 고통을 자신의 고통으로 삼았다.[19] 중세의 성인들에게 몸은 그리스도의 몸인 교회와 마찬가지로 유혹에 시달리고 흔들리는 취약함을 갖고 있으나 그리스도를 닮으려는 뜨거운 열망을 품은 성사요, 구원의 표징이었던 것이다.

제2차 바티칸공의회의 교회론과 성체성사에 관한 여성신학적 사유는 공통적으로 그리스도의 몸인 교회, 인간의 공동체인 교회가 세상에 존재하는 방식에 대해 새로운 깨우침을 준다. 인간은 몸으로 살아가며 몸의 감각을 통해 배우며 성장할 뿐 아니라 몸을 통해 감정을 느끼고 타인과 관계를 맺으며 살아간다. 불완전한 우리의 몸이 사람됨의 근거라는 사실은 우리 모두가 서로 기대고 의지하며 관계성 속에 살아갈 수밖에 없다는 뜻이기도 하다. 즉, 인간 조건의 부족함과 유한성은 단순히 극복해야 할 무엇이 아니라 공동체의 존재 근거다. 이는 교회공동체 또한 끼리끼리 그 안에서 자족할 것이 아니라, 교회 밖 세상을 향해 열려있어야 할 이유이기도 하다. 예수 역시 성스러운 예루살렘 성전보다 지친 사람들의 땅, 갈릴래아가 주요 활동 무대였음을 기억하자. '타자들', 즉 나와 다른 문화와 종교, 생활방식과 사고방식을 갖고 있는 이들과의 교류가 없다면 누구도 성장할 수 없다. 교회의 삶도 마찬가지다. 강고한 위계제도와 권위에 기대어 지탱하는 교회, 흠 없는 이들만 남아있을 수 있는 교회 안에는 그리스도의 몸이 살아 숨 쉴 틈이 없다. 평신도, 수도자, 성직자를 비롯해 우리 모두는 그저 인간이기에, 서로의 약함과 보잘것없음에 함께 기대며, 취약할수록 더욱 감싸 안아야 한다. 이렇듯 교회 안 모두의 삶이 서로 연결되고, 세상을 향해 열려 가난하고 소외된 이들과 연대하는 공동체가 예수가 몸소 보여주신 참된 교회의 모습이다.

"하나이고 거룩하고 보편되며 사도로부터 이어오는 교회"

기독교여성상담소 채수지 소장은 "여성으로 산다는 것은 억울하다는 느낌을 안고 살아가는 것"[20]이라 말했다. 여성신학은 그런 의미에서 자본주의적 가부장제에서 억울하게 눌려 살아가는 이들의 경험을 비춘다. 이러한 '약자의 여성화'를 이해하기 위해서는 가부장제를 남성과 여성의 이원적 지배구조로 볼 것이 아니라 젠더, 인종, 계급, 종교, 민족, 문화 등 다양한 층위와 권력관계로 생겨난 복종과 지배의 구조로 보는 교차성 페미니즘(intersectional feminism)이 필요하다. 여성신학 또한 이런 중층적 권력구조에 도전하고 그것을 바꾸어가는 쟁기가 되어야 한다. 단순하게 여성의 동등한 권리 찾기에 머무르지 않으며 끊임없이 약자의 편에 서는 선택을 해야 한다. 성사로서의 교회와 여성신학의 비전은 이렇듯 '취약한 인간들을 위한, 취약한 인간들에 의한 교회 공동체'라는 지향에 접점이 있다. 그렇다면 여성신학의 비전을 품고 성사적 교회의 일원으로 살아가는 교회 내 여성은 "하나이고 거룩하고 보편되며 사도로부터 이어오는 교회"라는 신앙고백을 어떻게 받아들일 수 있을까?

우리는 '하나인 교회'를 믿는다고 고백한다. 그러나 이 고백은 교회 내의 다양성과 신자들의 자율성을 폐지하고 오직 하나의 원칙만을 고수한다는, 혹은 가톨릭교회 밖의 개인과 공동체를 배제한다는 의미가 아니다. 교회는 삼위로서 다양성 속에 존재하는 하느님의 일치를 기원으로 태어났기에 하나이며, 성체성사를 통해 십자가의 그리스도와 하나가 되므로 하나이며, 당신의 몸을 나누어 모든 사람의 일치를 회복시키는 그분과 함께 병들고 아픈 세상을 회복시켜야 하기에 하나이다. 즉, '하나인 교회'란, 차이와 다양성 속에 존재하는 많은 이들을 품어 한분이신 하느님 안에서 차별 없이 온전한 인간성을 발견하도록 도와야 한다는 의미다. 그렇다면 '합당한 자격'을 갖춘 이들에게만 열려있는 교회, 그 합당함을 갖추지 못한 많은 이들, 예를 들면 이혼한 이, 임신중지 경험이 있는 여성, 성소수자를 밀어내는 교회를 '하나인 교회'라 말할 수 있을까? 사람이라는 이유, 생명이라는 이유 하나만으로도 존중받고 충분히 사랑받을 수 있는 교회가 바로 우리가 믿고 고백하는 '하나인 교회' 아닐까?

'교회의 거룩함'은 오로지 그리스도의 거룩함을 닮는다는 전제가 있어야 성립된다. 인간들이 모인 교회는 그 자체로 거룩할 수 없다. 거룩하신 하느님이 택하여 당신과 일치를 이루셔야만 거룩할 수 있다. 그런데 그 하느님은 스스로 신적 권위를 내려놓고 인간이 되신 하느님이다(요한 1,14). 그 하느님은 구별된 장독이나 높은 성전에 머물지 않고 취약한 살을 취해 병마에 시달리는 가난한 사람들 속에서 구체적인 삶을 살아가셨다. 프란치스코 교종이 강조하듯, 그리스도는 섬김을 받으러 오시지 않았고, 섬기기를 원했다.[21] 그리스도인들이 믿는 거룩한 하느님은 이렇듯 사랑을 위해 스스로를 비우고 낮아지신 분이며, 따라서 그리스도와 한몸인 교회는 바로 이러한 거룩함을 살아내야 한다. 같은 맥락에서 사제직의 거룩함에 대해서도 다시 짚어볼 필요가 있다. 보편사제직이든 직무사제직이든 사제직이 거룩한 이유는 그리스도의 거룩함을 닮아 섬기는 삶을 살아야 하기 때문이다. 모든 이들, 특히 가난하고 병든 이들의 종이 되어 섬길 때 우리는 그리스도의 몸이 되고 모든 이들을 위한 생명의 빵이 된다.

'보편된 교회'란 말은 그리스도교 신앙을 절대화하면서 다른 종교와 문화의 존재 근거, 인식과 사유 근거를 폄하하는 것이 아니다. 전통이라는 이름을 내세워 남성적 세계관을 보편화해 구축된 교리에 갇혀 있는 교회는 세상의 절반인 여성은 물론, 힘 있는 남성으로 대변되는 규범성에서 벗어난 모든 소수자들과 약자들을 끌어안지 못한다. 그 결과 교회는 결국 제국주의와 손잡고 역사에 치명적인 과오와 상처를 남겼다. 교회의 보편성을 말할 때, 우리와 모든 이를 위해 스스로를 버리신 그리스도 사랑의 보편성을 잊어서는 안된다. 나아가 그리스도의 그 보편적 사랑과 진리를 전하고 그가 남긴 복음을 선포하며 사는 것이 교회의 본분이다. 그러므로 '보편된 교회'란 세상의 기쁨과 희망, 슬픔과 고뇌를 자신의 몸으로 느끼는 교회다. 몸의 한 지체가 병들면 온몸이 앓게 되듯, 소외되고 버려진 이들의 상처를 교회의 상처로 받아 안는 것이 교회가 세상에 보편적으로 존재하는 길이다. 그렇다면 오직 내 안위와 성공을 위해 복을 비는 교회, 인간성 상실과 소외라는 현실을 추상적이고 영적인 문제로 환원하며 기도문만 달달 읊는 교회, 고상한 사람들의 취미나 사교모임이 되는 교회, 사회적 지위나 힘 있는 이들의 입김이 작용하는 교회의 모습은, 오히려 '보편된 교회'의 반대편에 서있는 것 아닐까? 전쟁과 폭력, 혐오와 차별로 망가진 세상에서 잃어버린 양을 돌보는 '야전병원'이 진정으로 보편된 교회가 아닐까? 나아가 인간을 포함한 모든 생명의 아픔에 책임을 느끼고 회복과 상생을 위한 회심을 불러일으키며, 우주적 비전을 품는 것이 보편된 교회 아닐까?

'사도로부터 이어오는 교회'란 단지 사도로부터 직접 권한과 권위를 부여받은 교회, 혹은 사도직을 계승하는 주교들의 감독 아래 있는 위계적 교회를 의미하는 것이 아닐 것이다. 교회는 그보다도 "사도들의 기초"(에페 2,20)위에 세워졌으므로, 사도들이 전한 동일한 그리스도의 가르침을 보존하며 따른다는 의미에서 사도적이다. 그렇다면 '사도적 본질'이란 가부장적 형태의 교회로 변화하기 이전, 남성과 여성, 직분과 신분에 관계없이 나눔과 섬김의 공동체를 실현했던 초기 교회의 포괄적이고 평등한 그리스도 공동체를 모범으로 삼아야 한다는 의미로 해석할 수 있을 것이다.[22] 또한, 사도(Apostolos)라는 말은 문자 그대로 '파견된 자(one sent on a mission)'라는 뜻이다(요한 20,21). 그렇다면 진정한 '사도적 계승'이란 사도들이 실천한 복음적 사명을 새기며, 교회 스스로 억압의 이데올로기에서 해방되어 젠더차별, 인종차별, 빈곤이라는 억압 아래 신음하는 지구에서 가장 소외된 생명들의 회복을 위해 세상으로 파견됨을 뜻할 것이다.

내가 믿는 여성신학적·성사적 교회의 비전은 이런 것이다. 어쩌면 우리가 경험하는 현실의 교회로부터 동떨어진 이상적 모델이라고 말할지도 모르겠다. 하지만 어쩌면 우리는 현실이라는 조건에 너무 억눌려 해방을 위한 상상력조차 잃어버린 건 아닐까. 어쩌면 가장 큰 벽은 '현실'이 아니라 우리 마음속에 있는 두려움과 절망일 수도 있다.

해방을 위한 상상력이 반드시 거창한 기획일 필요는 없다. 에밀리 디킨슨Emily Dickinson의 시, 〈만약 내가(if I can)〉에 이런 구절이 있다. "만약 내가 한 사람의 가슴앓이를 멈추게 할 수 있다면, 나 헛되이 사는 것은 아니리."[23] 지금 이 순간, 교회 안과 밖의 소외된 이들, 자신의 존재를 찾기 위해 분투하는 이들이 누구인지 바라보는 것부터 시작해보면 어떨까. 그들이 보인다면 내가 먼저 다가가 눈을 맞추고 손을 내밀어보자. 작은 용기를 내어 타인에게 마음을 열어보자. 그 인간적 만남을 통해 우리는 내 삶이 그들과 연결되어 있음을 느끼게 될 것이다. 또한 사회의 구조적 폭력이 나와 우리 모두를 짓누르고 있다는 사실도 깨닫게 될 것이며, 결국 함께 어깨를 기대어 폭력에 맞서야간 살아갈 수 있다는 것도 알게 될 것이다.

교회는 이 땅에 이루어질 하느님 나라라는 '불가능의 가능성'을 품고 살아가는 공동체다. 그리고 궁극적으로 하느님 나라를 건설하는 이는 인간이 아니라 하느님이다. 우리는 다만 그리스도가 교회에 남기신 사랑의 모범대로 정신과 힘을 다해 사랑하며, 하느님 나라를 꿈꾸고 내 삶의 자리에서부터 실천하며 서서히 나아갈 수 있을 뿐이다(마르 12,28-34; 루카 10,25-28). 교회의 변화는 나의 변화와 따로 존재할 수 없다. 우리가 곧 교회이기에.

더 생각해 볼 질문들

- 한스 큉은 교회를 비판하는 것이 교회를 사랑하는 또 다른 표현이라고 주장한다. 이 관점에서 한국 가톨릭교회가 더욱 성숙한 공동체로 나아가려면 어떤 비판이 필요할까?

- 제2차 바티칸공의회의 '하느님 백성'으로서의 교회 개념은 교계제도를 넘어선 인간 공동체로서의 교회를 강조한다. 이 개념은 한국 천주교회의 위계성과 평신도의 역할에 어떻게 새로운 이해를 제시하는가? 또한, '하느님 백성'으로서의 교회를 만들어가려면 한국 교회의 다양한 소수자들과 어떤 관계를 맺어야 할까?

- 교회의 성사성(sacramentality)은 교회가 하느님 나라를 드러내는 표지임을 의미한다. 세상 속에서 하느님 나라를 드러낸다는 것은 어떤 의미일까? 또한, 한국 사회의 세속화 속에서, 성사적인 교회는 무엇을 의미하며 어떻게 표현될 수 있을까?

- 예수님의 강생을 헬라어 '소마'가 아닌 '사룩스(살덩어리)'로 이해하는 것의 신학적 함의는 무엇인가?

- '교회는 몸이다'라는 개념은 가톨릭신학의 전통적인 가부장제와 남성중심주의에서 비롯된 몸에 대한 인식에 어떤 도전이 되는가? 또한, 여성신학의 관점에서 성체성사가 지닌 의미는 무엇이며, 한국의 여성신자들이 이 성사를 통해 경험할 수 있는 신학적·영적 변화는 어떤 것이 있을까?

- 성체성사가 교회의 본질이라는 것을 기억한다면, 그리스도의 신비체인 교회가 여성과 소외계층의 목소리를 수용하기 위해 어떠한 신학적 성찰과 실천이 필요할까? 또한, 한국 사회에서 교회가 '야전병원'으로, 가난하고 소외된 이들을 위한 공동체로 기능하려면 어떤 사목적 변화가 필요할까?

- '하나인 교회'의 의미를 한국 사회 내의 분열된 이슈들(정치적 갈등, 젠더 문제 등)과 연결해 토론해 보자. 한국 교회는 이러한 분열 속에서 어떻게 일치를 추구할 수 있을까?

- '사도적 계승'은 한국의 다양한 종교와 사회적 가치들과의 대화 속에서, 특히 그리스도교 개신교들과의 관계 속에서 어떻게 이해될 수 있을까?

8장

그 여성 마리아
여성신학자들의 마리아론

"구세주 예수님과 성모 마리아님 괴로운 십자가의 길에서 서로 만나시어 사무치는 아픔을 겪으셨으니…" 개신교 가정에서 자란 내가 가톨릭신앙에 이끌린 계기 중 하나가 바로 이 십자가의 길 제4처의 기도였다. 고문으로 찢긴 몸에 무거운 십자가를 이고 골고타 언덕을 오르는 자식을 바라보는 어머니의 마음이 너무나 안타깝고 애절해, 어렸던 나는 목이 메었다. 버림받은 신의 고통뿐 아니라 버림받은 자식을 바라보는 어미의 비통함 또한 위로하는 인간다움의 깊이, 나에겐 그것이 처음 접한 가톨릭신앙의 아름다움이었다.

어머니, 가만히 부르기만 해도 수많은 감정을 불러오는 어머니의 존재는 세상 모든 아들딸에게 각별할 것이다. 그러나 딸과 어머니의 관계는 아들과 어머니의 관계와는 다른, 말로 다할 수 없는 복잡하고 끈적끈적한 감정의 응어리가 있다. 여성의 몸, 여성의 삶, 여성이기에 겪는 부당함과 갈등과 원망, 자기모순마저도 공유하기 때문이다. 아마도 그래서 프랑스의 작가 마르그리트 뒤라스Marguerite Duras는 "내겐 어머니라는 낙원이 있었어요. 그 낙원은 불행, 사랑, 부당함, 증오, 이 모든 것이었죠"라고 말했을 것이다. 딸과 어머니의 관계는 딸이 어머니를 한 사람의 여성으로 바라볼 때 더 깊어지고 혼란스러워진다. 딸은 여성인 어머니를 가장 잘 이해하면서 동시에 이해할 수 없는 또 한 사람의 여성이다.

어머니의 존재가 애틋한 만큼, 성모신심은 가톨릭 여성들에게 특별한 의미를 지닌다. 어머니 마리아는 가톨릭 여성들이 믿고 따를 신앙의 모범인 동시에, 남성의 경험으로 기록되고 유지되는 전통 속에서 여성들의 경험을 이해하고 어루만져주는 의지처다. 하지만 교회가 표상하는 천주의 모친 마리아의 모습이 현실을 살아가는 가톨릭 여성들의 경험을 반영하고 있을까? 영원히 늙지 않는 순결한 처녀 마리아, 주름

살 하나 없는 맑은 피부에 홍조 띤 미소의 댁인 처녀 마리아는 과연 누구의 환상 속에 존재하는 어머니일까? 성모 마리아를 아들의 어머니만이 아니라 딸의 어머니로, 나아가 어머니이기 이전에 한 사람의 여성으로 바라볼 수는 없을까? 이번 장에서는 가톨릭교회 안에서 여성들에게 위로와 용기를 주는 동시에 억압과 차별을 심화하는 기제로 작용해온 마리아론에 대한 여성신학자들의 의견을 들어보고, 여성의 경험을 통해 마리아의 이야기를 풀어보자.

교회 전통 속의 마리아와 여성신학의 비판

가톨릭교회의 마리아론은 초대교회에서 현재까지 많은 논쟁을 거쳐 왔지만, 마리아론 자체가 독립적인 신학 분야였던 적은 없다. 예수 그리스도 안에서 이루어진 신성과 인성의 일치를 설명하려고 불가피하게 부연된 그리스도론과 교회론의 하위론으로 논의되었기 때문이다. 교회가 마리아를 '하느님의 어머니(Theotokos)'로 선포한 것은 431년 에페소공의회로, 이 또한 '하느님'이라는 표현을 통해 예수의 신성을, '어머니'라는 표현을 통해 예수의 인성을 드러내려는 신학적 논쟁의 결과였다.[1] 이후 교회는 '평생 동정녀 마리아(Perpetual Virginity)',[2] '원죄 없이 잉태되신 마리아(Immaculate Conception)',[3] '마리아의 승천(Assumption of the Virgin)'[4]을 교리로 선포해 마리아를 특별한 공경의 대상으로 삼아왔다. 그러나 인간의 보편적 조건에서 마리아를 예외로 삼는 교리를 확대해석해, 그를 인간과 다른 초월적 존재로 이해하는 것은 곤란하다. 마리아는 삼위일체 하느님과 같은 흠숭의 대상이 아니다.[5] 마리아는 오히려 순명하는 신앙인의 모범이며 타락하기 이전 인간의 전형이며, 하느님의 부르심에 응답해 구원계획에 참여한 교회의 원형으로, 신앙인이 지향해야 할 궁극적인 인간상을 보여준다.

마리아에 대한 교리와 성모신심은 가톨릭교회 안에서 여성의 존재를 드러내고 '여성성'을 담보하는 상징으로 존재하며, 교회의 남성중심성을 어느 정도 견제하고 보완하는 역할을 수행해온 것은 사실이다. 그러나 여성신학자들에게 마리아의 존재는 해방과 억압의 가능성을 동시에 지닌 뜨거운 감자다. 여성신학자들은 전통적인 마리아론이 남성의 경험과 시각을 통해 형성되었기에, 수동적이고 복종적이며 남성의 요구에 자신을 희생하는 남성들의 이상형을 반영한다고 비판한다.[6] 마리아를 통해 하느님의 '모성적' 측면을 드러내려 한 것은 긍정적인 효과를 불러온 발상이지만, 가부장제 사회에서 모성은 남성의 시각을 통해 구상되기 마련이다. 따라서 마리아론은 출산과 관련한 여성의 생물학적 능력을 여성이 가진 최고의 능력으로 추켜세우고, 무조건적인 희생과 돌봄을 마땅히 따라야 할 여성의 본능으로 표상하는 낭만적 모성신화와 결합하여 여성들을 억압하는 이데올로기로 작용한다.[7] 교회는 이러한 마리아의 이미지를 주축으로 여성들의 역할을 마리아를 닮은 '생명의 수여자이자 보호자'로 제한하여, 여성은 오로지 이를 통해서만 교회와 사회에서 완전한 권위를 성취한다고 가르치는 가부장적 전통을 구축했다.[8]

여성신학자들은 마리아를 둘러싼 교리들이 이러한 가부장적 전통의 소산이라고 지적한다.[9] 우선 평생동정 교리는 남성을 정신으로, 여성을 육체로 간주하는 여성혐오주의적 이원론에 기반을 두었다. 육체를 상징하는 첫 여성인 하와가 불순종으로 인류를 타락하게 했다면, 마리아는 순결과 순종으로 육성을 극복하고 신의 아들을 낳아 인류를 구원했다. 여성의 몸이 원죄의 기원을 품은 위험한 물질이란 인식이 몸의 순결을 유지한 채 정신으로 승화한 동정녀 마리아 신화와 짝을 이루며 여성에게 순결과 정조를 강요하는 이데올로기로 자리 잡은 것이다. 평생동정 교리는 여성이 몸에 대한 수치심을 지닌 채 성장하게 할 뿐 아니라, 성폭행과 성추행의 위험 속에서 자신의 잘못이 아님에도 죄책감과 트라우마에 사로잡혀 살아가게 되는 분위기 조성에 일조한다.

원죄 없는 잉태와 성모승천 교리는 원죄의 보편성에서 여성인 마리아를 예외로 만들며, 나아가 마리아를 지상생활을 마치고 하늘의 영광으로 영입되는 궁극적 인간으로 선포했다는 점에서 가톨릭교회가 여성의 입지와 권리를 적극적으로 지지한다는 주장의 근거로 사용되기도 한다. 그러나 이 두 교리는 마리아를 성스럽고 숭고하며 유일한 존재로 신비화해 여성이 다다를 수 없는 이상으로 승격한 동시에, 죄와 타락의 상징으로 간주되는 하와의 딸들을 성적인 계급질서 속에 가두는 결과를 초래했다. "여자는 약하되 어머니는 강하다"는 말이 드러내듯, 여성은 마치 어머니가 되어야만 열악하게 타고난 본성과 죄의 유혹을 초월할 수 있다는 가부장적 선입견을 뒷받침하는 신화로 작용했다는 뜻이다.

여성의 경험으로 읽는 마리아 이야기

여성신학자들은 마리아론이 갖는 가부장적 기원과 성차별 이데올로기를 비판하는 한편, 여성의 시각으로 마리아의 이야기를 다시 읽어 해방의 전승으로 바꿔내는 작업에도 관심을 기울여왔다. 남성의 지배를 받는 보조적 존재로 마리아를 이해한다면, 마리아는 여성을 위한 해방의 상징이 될 수 없다. 따라서 여성신학자들은 마리아를 '순응하고 복종하는 여종'이 아니라 '자신의 의지로 하느님의 부르심에 적극적으로 응답했던 여성'으로, '하느님의 창조행위와 구원의 역사에 동참한 해방된 인간의 전형'으로 조명한다. 로즈마리 류터는 이러한 여성신학의 시각으로 마리아와 관련된 교리를 재해석한다. 류터에 따르면, 마리아의 평생 동정은 성차별 이데올로기로 파괴되기 전의 인간과 마침내 그로부터 회복된 인간의 상징으로 이해할 수 있으며, 성모승천은 새 하늘과 새 땅에서 하느님과 모든 인류, 모든 생명이 화해하는 종말론적 비전을 담고 있다.[10] 엘리자베스 존슨은 마리아를 하느님이 신뢰와 애정을 나눈 벗이자 불의를 비판하는 예언자로 묘사하며, 그녀의 독특한 삶의 경험은 역사의 시공간을 살아가는 여성의 삶과 만나 '위험한 기억'이 되어야 한다고 주장한다. 마리아는 평범한 여성이 도달할 수 없는 하늘의 여왕이 아니라, 하느님의 동반자로서 구원의 역사를 열어간 "진정한 우리의 언니(Truly Our Sister)"다.[11]

라틴아메리카와 아시아의 여성신학자들에게 마리아는 가부장제와 성차별 이데올로기뿐만 아니라 수탈과 착취로 얼룩진 식민 역사와 독재, 폭정, 가난으로 고통 받는 여성들의 삶을 회복시키는 희망의 상징이다.[12] 굶주린 이들, 비천한 자들, 권리를 빼앗긴 자들의 해방자이자 예언자인 마리아의 모습이 가장 잘 드러난 전승은 마리아가 예수를 잉태한 몸으로 엘리자베스를 방문했을 때 축복에 대한 응답으로 부른 '마리아의 노래'(루카 1,46-55)다. 이 노래로 마리아는 가난한 식민지 여성의 입으로 억압과 폭력의 질서를 무너뜨릴 구원의 의미를 명확하게 전달하는 동시에, 하느님의 자

멕시칸 아메리칸 여성의 삶으로 재현한 욜란다 로페즈의 과달루페의 성모 시리즈

비로 채워질 새로운 세상을 위한 희망 또한 노래한다. 라틴 아메리카의 여성신학자들은 나아가 황갈색의 얼굴을 한 마리아, 가난한 민중의 삶에 깊이 들어와 그들의 인간존엄성과 문화적 정체성을 수호하는 상징이 된 과달루페의 마리아를 통해 혼종적·탈식민주의적·타자지향적 신학을 전개한다.

이중에서도 아르헨티나의 마르셀라 알트하우스-레이드 Marcella Althaus-Reid는 과달루페의 마리아 이미지를 과감하게 비틀어 여성의 섹슈얼리티를 표현한 예술가들의 작품을 주목하는 한편, 성매매여성들의 삶과 경험을 통해 마리아론을 읽으며 가난, 억압과 더불어 섹슈얼리티까지 신학의 중심에서 논의할 수 있는 방법론적 전환을 모색한다.[13]

딸들의 어머니 마리아

성서 속 마리아를 여성신학의 시각으로 읽으면, 그녀가 겪은 쓰리고도 찬란한 삶의 여정이 오늘을 살아가는 여성들의 경험, 그중에서도 고통의 경험과 고스란히 겹친다. 마리아는 예기치 않았던 임신을 한 가난한 젊은 여성이었으며, 임신한 몸을 끌고 고향을 떠나 이집트로 향했던 난민 여성이었다. 시대의 관습을 깨는 말과 행동을 일삼는 평범치 않은 자식을 둔, 그를 다 이해하지는 못해도 믿고 사랑하며 제자 되기를 자처한 중년 여성이었다. 또한, 불의한 세력들에 고문당하고 처참하게 죽어간 자식의 마지막 순간을 목격한 트라우마 생존 여성이었으며, 자식을 잃고 살아남은 어미가 되어 감당해야 했을 그 아픈 세월에 꺾이지 않고 오히려 떠난 자식의 친구들과 함께 그가 이루려던 세상을 만들어나간 굳센 의지의 여성이었다. 고통의 세월에 무너지지 않고 위로와 희망의 상징이 된 그녀가 한 사람의 여성으로서, 어머니로서, 언니로서, 딸들과 자매들에게 해줄 말은 무엇일까? 마리아의 이야기는 여성 저마다 자신의 경험을 통해 새로 읽고 쓰기를 이어갈 열린 공간이지만, 마리아의 삶의 여정에서 특히 '혼외 임신'을 하게 된 젊은 여성으로서의 경험을 풀어보자.

수태고지에서 출산까지 마리아의 이야기를 여성의 경험 서사로 읽는다면, 질문하고 성찰하고 행동하며 연대하는 여성 마리아를 만나게 된다. 마리아는 자신에게 닥친 운명을 무작정 받아들이기보다 적극적으로 묻고 성찰하는 여성이었다. 대천사 가브리엘이 그에게 닥칠 미래를 알려주었을 때, 그녀는 "몹시 놀라고", "곰곰이 생각"했으며(루카 1,29), "어떻게 그런 일이 있을 수 있는지" 질문했다(루카 1,34). 또한 그녀는 삶을 송두리째 뒤집어버릴 사건에 그대로 떠밀려 가기보다 책임 있는 도덕적 주체로 행동했으며, 나아가 스스로를 다른 이들과의 관계망 속에서 바라보며 그들과 연대했다. 자신의 임신사실을 수치스럽게 여기지 않고 배우자인 요셉과 상의했으며, 무엇보다 다른 여성의 도움을 적극적으로 구했다. 마리아가 자신의 결정에 의미를 부여하고 은총으로 받아들여 '마리아의 노래'를 부르게 된 것은 사촌 엘리사벳과의 만남 이후라는 것을 간과하지 말아야 한다.[14] 계획과 무관한 임신에 혼란스럽고 두려워하던 젊은 여성이, 노년에 이르러 갑작스럽게 임신하게 된 다른 여성에게 낙인과 책망의 말이 아니라 "당신은 여인들 가운데 가장 복되십니다"(루카 1,42)라는 격려를 들었다. 그 순간 두 여성이 나누었을 그 안도와 위로와 기쁨은 오로지 여성과 여성이 서로의 삶에 건넬 수 있는 선물이다. 마리아는 그 선물을 온몸으로 받아들였다. 그리고 여성이며 어머니이며 딸들인 오늘의 우리에게 그 축복을 전한다. 부당하게 주어진 책임과 편견과 차별과 수치와 혼란에 꺾이지 말고 다시 일어나라고, 당신은 혼자가 아니라고.

더 생각해 볼 질문들

- 마리아를 '영원한 동정녀'로 묘사하는 전통적인 마리아론은 교회의 가부장주의 이데올로기를 강화하는 데 어떻게 기여해왔을까? 마리아의 평생동정성에 대한 여성신학자들의 재해석은 여성의 섹슈얼리티와 신체적 자율성에 대한 가부장적 이해에 어떻게 맞서고 그것을 재구성할 수 있을까?

- 마리아의 이야기를 단순히 신의 선택과 순명의 이야기가 아닌 숱한 트라우마를 겪고 살아남은 생존 여성의 이야기로 읽는 데는 어떤 함의가 있는가?

- '하느님의 어머니로서의 마리아'와 '한 여성으로서 마리아'가 겪은 인간적 경험 사이의 긴장은 어떤 신학적 관점을 시사할까? '하느님의 어머니 마리아'와 '인간 여성 마리아'의 경험은 어떻게 공존할 수 있을까?

- 탈식민주의 여성신학의 관점으로 읽는 과달루페의 성모 이야기는 전통적·서구중심적 마리아론을 어떻게 도전하고 풍성하게 하는가? 또한 마르셀라 알트하우스-레이드를 통해 보듯이 빈곤, 억압, 섹슈얼리티를 중심에 두고 마리아의 이야기를 읽는 방법론은 전통적인 마리아론에 어떤 도전이 될까?

- 여성신학적, 탈식민주의적 마리아론은 라틴아메리카와 아시아의 소외된 여성들에게 연대와 해방의 비전을 어떻게 제시할 수 있을까? 한국 근현대사에 드러나는 여성들, 일본군과 미군의 '위안부' 이야기, 전태일 열사의 어머니 이소선 선생의 이야기, 세월호와 이태원 참사 희생자 어머니들의 이야기를 통해 마리아론을 이해해 보자.

- 딸들의 어머니로 마리아를 바라본다면, 또한 도달할 수 없는 이상이 아닌 친근한 '우리의 언니'로서 마리가를 바라본다면? 이런 관점을 묵상하며 자신의 경험을 통해 '마리아의 노래'(루카 1,46-55)를 자신의 노래로 다시 써보자.

3부 열린 대화의 가능성

9장

"누가 내 어머니고 누가 내 형제들이냐"
성가정과 가족의 진화

교회 안에서 중장년 싱글은 이방인이다. 2022년 통계에 따르면 전체 가구 중 1인가구가 3분의1을 넘어섰음에도(34.5%), 교회는 여전히 그들을 어떻게 대해야 할지 모른다.[1] 비혼 여성인 나는 본당에서 아직도 '예비 혼인대상자'로 분류되거나, 불완전한 사람 내지 미성숙한 사람 취급을 받곤 한다. "어쩌다 결혼을 안 하셨어요?", "누구 소개해 드릴까요?", "좋은 분 만나도록 기도할게요." 이런 질문과 관심은 친절이 아니라 폭력이다. 이는 비단 싱글만의 경험은 아닐 것이다. 이성애 부모와 자녀로 구성되는 이른바 '정상가족' 범주에서 벗어나는 모든 가구, 즉 한부모, 이혼, 재혼, 만혼, 동성, 무자녀, 다문화, 조손 가구들은 본당이라는 공동체에서 소속감을 얻기 어렵다. 심지어 부부 중 한 사람이 다른 종교를 가진 가족조차 교회에서는 뭔가 결여된 듯한 대우를 받는다.

'정상가족' 규범은 교회 밖 사회도 지배한다. 사회는 혼인과 혈연으로 맺어진 이성애 가족공동체가 살벌한 세상을 버텨갈 유일한 안식처라고 표상한다. 그러나 많은 여성에게 가정은 안식의 공간이 아닐 수도 있다. 사회에 잠재한 여러 형태의 차별이 가족 안에서까지 폭력적 형태로 재현되는 경우가 많기 때문이다. 과중한 가사노동, 육아 전담, 수직적 관계 등에서 말이다. 가부장적 질서에 동의하지 않는 남성과 성소수자 또한 가족 안에서 고립과 소외, 억압을 경험한다. 국가는 가족의 보호, 안전과 돌봄의 책임을 가족에게 떠맡기지만 정작 가족 안에서 발생하는 폭력에 대해서는 사적 영역으로 치부해 가능한 개입하지 않는다. 그럼에도 가족이라는 가치에 대해서는 좀처럼 불평하거나 폄훼하지 않는다. 가족은 '숭고하기' 때문이다. 어떠한 경우라도 삶의 최후 보루인 가족을 지켜내야 하기 때문이다.

페미니즘은 정상가족규범이 만들어내는 이러한 폭력과

차별의 현실을 직시한다. 그래서 여러 소수자 운동과 연대하며 이성애 중심의 가족 이데올로기에 도전함과 동시에, 현실적인 제도를 마련하는 데 앞장서고 있다. 덕분에 최근 혼인이나 혈연 관계가 아니어도 생계와 주거를 공유하는 관계를 가족으로 인식하는 추세가 점차 확대되고 있다.[2] 가족구성권 운동과 생활동반자법 제정을 위한 움직임 등, 다양한 형태의 가족을 보호하는 법적 장치와 사회적 안전망을 마련하려는 운동 또한 가시화되고 있다.[3]

가족에 관한 논의에서 가톨릭교회와 페미니즘은, 적어도 가시적 영역에서 서로 '가까이하기에 너무 먼 당신'처럼 보인다. 교회는 마리아와 요셉, 아기 예수로 구성된 성가정聖家庭 이미지를 하느님의 사랑과 친교를 경험하는 유일하고도 이상적인 기준으로 표상하며, '정상가족'의 규범성 확립에 일조하는 면이 있다. 하느님 사랑을 배우고 깨닫는 통로여야 할 교리까지도 정상가족 기준에 미달하는 형태의 가족을 '결여'나 '죄'에 더불러있는 상태로 간주한다. 이처럼 다른 인식의 틈바구니에서 여성신학은 어떤 역할을 할 수 있을까? 우선 가정에 관한 교회의 인식부터 짚어보자.

가톨릭교회의 가정

가톨릭교회는 가정을 '사회생활의 근원적 세포'[4]이며, 창조주의 계획에 따라 만들어진 개인과 사회를 위한 '인간화의 첫 자리'이며, '생명과 사랑의 요람'[5]이라 가르친다. 교회에서 말하는 가정의 정의는 '거룩한 혼인성사를 통해 자녀와 함께 이루는'[6] 공동체다.

「사목헌장」48항에서 명시하듯, 가정은 '둘이 아니라 한 몸'(마태 19,6)이 된 남자와 여자가 인격과 행위의 내밀한 결합으로 서로 도와주고 봉사하며, 또한 자신들이 이룬 일치의 의미를 체험하고 날로 더욱 충만하게 한다.[7] 이성애 부부의 혼인이 전제되며, 불가피한 경우를 제외하고는 자녀의 생산이 가정을 이루는 목적이다.[8] 혼인성사는 교회의 가르침에 근거해,[9] 일부일처제를 의미하는 '단일성'과 배우자 중 한 사람이 죽을 때까지 부부의 유대가 풀리지 않음을 의미하는 '불가해소성'을 원칙으로 한다.[10] 교회는 또한 가정을 "인간 생명의 토대 위에, 모든 사회질서의 원형으로 하느님께 제정된 최초의 자연사회"로 여기기에, 사회와 국가보다 우선시한다.[11] 가정이 그 자체 하나의 '작은 교회'로서 일상 성소의 중심이 되어야 한다는 것은 교회가 강조해온 귀중한 가르침이다.[12]

문제는 그 가정이 성인 남성 가장을 중심으로 하는 이성애 핵가족으로 제한되어 정상가족규범성을 강화한다는 것이다. 가난, 젠더 불평등, 이주민·난민 현실, 가정 내 (성)폭력, 신체·정신적 장애 등 취약한 삶의 조건으로 '정상가족'을 이룰 수 없는 많은 이를 차별하는 결과를 낳는다. 교회가 이상화하는 성가정은 한 걸음 더 나아가 가톨릭신자인 남녀의 혼인을 전제로 한다. 이 기준에서 벗어나는 혼인은 교회법상 원칙적으로 성사되지 않는다.[13] 평안과 위로의 메시지를 담보해야 할 성가정 이미지는 차별의 현실과 맞물리며 이렇듯 정상과 비정상, 합법과 불법을 가르는 기준으로 작용한다.

성가정 이미지는 복음서에 묘사된 예수의 유년시절과 마리아, 요셉의 이야기에서 유래한 것처럼 보이지만, 사실 근대에 이르러서야 대중 신심으로 발전했다.[14] 자본주의 발전과 산업화, 급격한 도시화로 유럽사회에서 핵가족이 보편화된 시기와 맞물린다. 예수 당대의 문화에서는 사실 오늘날 같은 핵가족을 이루기 어려웠다. 영유아 사망률이 높았고 가족의 경계가 불분명했을 뿐 아니라, 음식이나 화장실 등 일상의 자원을 여러 가구가 공유해야 했기 때문이다.[15] 또한 혼외임신을 한 여성, 양부와 양아들로 이루어졌으며 한때 난민으로 불안정한 생활을 영위해야 했던 예수의 가족공동체는 성경시대에 지극히 '비정상적인 가정'이었고, 오늘날의 눈으로 본다면 '정상가족'이라기보다 '대안가족'에 가깝다.[16] 뒤에 언급하겠지만, 예수는 오히려 전통적 의미의 가족에 회의적이었다. 우리가 아는 정상가족과 성가정의 이미지는 성경과 교회 전통에 충실한 이미지라기보다 당대의 상황과 요구에 따라 형성된 것이다. 한국 사회의 가족 이데올로기 형성과정 역시 국가와 시대가 요구하고 강제한 영향을 무시할 수 없기에, 국가와 가정이 맺어 온 복잡하고 은밀한 관계를 여실히 폭로한다.

가족의 진화와 교회의 대응: 한국 사회의 경우

현대의 가족 연구는 가족이 '자연발생적 혈연 공동체'라는 전제와 '공동체적 본성을 지니고 있다'는 관념에 도전하는 데서 출발한다. 영어 'family'의 어원인 라틴어 'familia'는 남성 주인의 지배와 관리 하에 있던 여성 안주인과 자녀, 하인과 노예를 모두 포함하는 말이었다. 이렇듯 가족이라는 사회구성체는 혈연관계보다는 가부장적 사유재산권의 근거를 마련하려고 생겨났으며, 오늘날까지 사회적 부와 가난을 대물림하는 매개로 존재한다.[17]

가족은 교회가 가르치듯이 사회와 국가를 구성하는 세포이기도 하지만, 역으로 사회변화가 새로운 가족형태와 가족제도를 만들어 내기도 한다. 한국 사회를 예로 들자면, 가족에 관한 인식과 제도의 변화가 곧 근현대사의 압축판이라 할 만큼 가족과 사회, 국가는 밀접하게 연관되어있다.[18] 분단과 전쟁으로 인한 가족의 이산, 가족계획을 통한 경제개발, 중산층 성장과 교육열 확산에서 이루어진 가족규범의 변화, IMF 이후의 저출생, 이혼율 상승, 노령층 증가 등 굵직한 역사의 흐름 속에서 가족은 늘 국가의 필요에 따라 조정되고 새롭게 정의되는 처지였다.[19] 국가는 또한 피임과 출산에 개입하며 가족의 형태를 관리함으로써 경제개발에 속력을 냈다.[20] 가족 규모를 축소해 경제개발에 알맞은 구조를 만드는 한편, 복지비용을 개별 가족에 전가함으로써 국가의 비용부담을 줄이고 개발에 몰두해 온 것이다.

한국 사회에서 가족은 국가의 필요에 따라 활용되는 단위일 뿐 아니라, 국가주의와 민족주의를 지탱하는 이데올로기로 작용하기도 했다. 영화 〈국제시장〉이 보여주듯, 분단과 정전에 따른 사회적 불안 속에 직계가족을 중심으로 가족 내부의 단결을 강화하는 가족지상주의가 형성되었고, 이에 충효사상까지 덧붙어 비민주적이고 위계적인 지배체제가 생겨났다. 이처럼 강력한 가족개념은 사회질서를 유지하고 정당화하는 기능을 담당해왔다. 사회학자 김명희가 지적하듯, 오랫동안 반공이 국시였던 한국 사회에서 '정상가족'은 "이성애 중심의 핵가족이면서, 동시에 '빨갱이'가 없고, 가부장에 효를 다하고 국가 가부장에 충성하는 가족이자, 정치에 눈감고 경제발전에 매진하는 가족"이다.[21] 이러한 가족 이데올로기는 여성과 소수자뿐만 아니라, 아버지 혹은 한 개인으로서 남성의 인격까지도 조종하고 억압해왔다.

가톨릭교회는 경제발전의 논의에 근거해 가족을 동원하며 생명을 통제하고 조절하는 국가의 정책에 지속적인 비판의 목소리를 내왔다.[22] 생명의 존엄성, 부부의 신앙생활과 가정성화를 강조하며, 국가의 개입에서 거리를 두고 가정을 보호하려 했다.[23] 또한 박정희 정권이 인구조절을 위한 가족정책을 내세우며 우생학에 따라 혼외 자녀, 장애 아동, 다문화가정 자녀, 빈곤가정 아동 등 '정상가족' 범주에서 벗어난 아동을 해외입양으로 방출할 때, 신자 가족을 통한 위탁입양, 보육원 설립 등 사회적 돌봄의 역할을 맡아오기도 했다.[24] 교회의 사회적 실천은 이렇듯 국가 중심, 자본주의 중심의 가족 이데올로기를 뛰어넘은 대안적 움직임을 형성해왔지만, 아쉽게도 교리적 측면에서는 정상가족의 테두리를 벗어나지 못하면서 궁극적으로는 국가 이데올로기를 강화하는 데 일조했다. 또한 출산에 집중하는 생물학적 생명권뿐 아니라 인간으로 존중 받고 살아갈 권리인 사회적 생명권에 대한 고려가 적극적으로 수행되지 않았던 점, 임신중지와 인공피임을 '악마'라 표현하는 등, 불가피한 상황에 놓인 여성의 선택과 결정의 통로를 충분히 고려하지 못했던 점도 한계이자 문제점으로 남는다.[25]

가족주의의 문제점:
페미니즘과 가톨릭교회의 대화 가능성

가족의 개념에 관한 페미니즘의 입장은 다양하다. 가족제도의 근간이 되는 가부장주의, 즉 여성이 경제적·성적으로 남성에게 종속된 규범 안에서 양육과 가사를 전담하는 형태로 유지되는 이데올로기에 대해서는 대부분의 페미니스트들이 문제의식을 공유한다. 그러나 가족의 형태, 가족을 대체하는 대안 개념과 가족의 미래 등 구체적 논의에서는 서로 다른 입장이 공존하며 활발한 토론을 펼치고 있다. 페미니즘의 가족 비판 중에서 내가 집중하고 싶은 것은 '가족주의'의 문제점이다. 교회와 페미니즘의 협력을 모색할 적절한 지점으로 판단되기 때문이다. 가족주의는 가족을 유지하는 데 적용되는 가치나 규범이 다른 사회관계에 확장되는 것을 의미한다. 가족주의 아래서는 모든 가치가 "가족의 유지 존속"을 중심으로 수렴되고, "가족의 단결과 영속화"가 가장 큰 목표로 설정되며, "가족의 이익을 추구하려는 구성원의 노력"이 모든 것을 정당화한다.[26]

일견 자연스러운 듯 보이는 가족주의는 사실 자유경쟁체계의 논리가 가족에 침투해 가족 중심적으로 성취 지향성을 부추긴 결과 초래한 병리현상이다. 다양한 가족의 이해관계가 충돌하기 마련인 자본주의 사회에서 가족주의는 사회 일반의 요구를 위협하는 극단적 이기주의로 드러난다. 자식의 번영을 최고의 행복으로 여기고, 가족 말고는 나의 생존과 꿈을 보장해줄 것이 없고, 핏줄 외에는 누구도 믿을 사람이 없다고 여기는 가족주의는 사회의 중요 가치인 공동선 추구와 공동체의식 형성을 불가능하게 한다. 가족주의는 또한, 기업과 국가를 가부장적 가족처럼 여기게 만드는 집단주의, 나아가 국가주의와 극단적 민족주의, 인종주의로 발전한다.[27] 공동체적 삶의 장소가 되어야 할 사회가 결국 적자생존의 결투장이 되고, 가족은 신성하다는 믿음 아래, 또 '가족사랑'이라는 포장 속에 타인과 다른 가족을 향한 차별과 배제를 감춰버린다.

가족주의가 가부장주의의 결과라면 가정에서 여성의 역

할, 즉 모성권과 아내의 권한을 강화하는 것은 대안이 될까? 예를 들어 가계경제권, 자녀교육권, 친족관리권 등, 가정 살림과 가족관계를 주도할 특권을 여성에게 양도한다면 가족주의와 가족 이데올로기의 문제가 해결될까? 많은 페미니스트는 가족주의가 남성에 대한 여성의 예속을 가중하는 것이 사실이지만, 그 대안으로 가정 내 여성의 역할을 강화하는 것은 오히려 여성을 자기 억압으로 유도하며 '성性 신분제도' 재생산에 더욱 가담하게 할 뿐이라고 비판한다. 가족관계에서 비공식적으로 인정되는 이 권력은 가부장적 가족의 틀을 지키는 선 안에서 주부의 성공적인 역할수행 능력을 끌어올리는 것이 목표다. 결과적으로 여성이 자기정체성과 자아실현의 장을 가족이라는 테두리 안에서만 찾도록 종용하며, 가족의 생존에 대한 책임을 전담해 이기적인 가족 경쟁의 적극적 주체가 되게 한다.

이렇듯 공적 영역과 사적 영역을 나누는 근시안적 접근과 단순히 남녀 권력의 위계를 뒤집는 식으로 성평등이 가능하리라는 일차원적 사고는 문제점이 다분하다. 사회적 권력관계는 젠더뿐 아니라 인종, 사회적 직급, 연령, 능력 등 다양한 지점의 차별과 언제나 교차적(intersectional)으로 존재하기 때문이다. 가족에 관한 논의는 시스젠더 여성에 대한 차별뿐 아니라 '취약 가족', 비혼자, 성소수자, 빈곤계층, 장애인, 이주민, 노령층과 미성년층 등을 배제하는 모든 차별을 수면 위로 올려놓는다. 이 다양한 차별의 지점을 함께 고려해야 모두 함께 돌보고 돌봄 받는 평등한 사회를 향해 나아갈 수 있다. 하느님이 창조한 모든 인간의 존엄성을 원칙으로 삼으며, 모든 피조물의 공동선을 지향하는 가톨릭 교회가 이 논의에 적극적으로 참여하는 것은 교회의 본분이자 사회복음화를 위한 과제일 것이다. 복음의 가르침 역시 이를 명확하게 강조한다.

예수의 가족과 여성신학

가부장적 혈통으로 유지되는 가족의 정당성과 친족 중심의 가족공동체에 대한 예수의 비판은 가혹하게 느껴질 정도다. 당신을 따라 나서기에 앞서 고인이 된 아버지에게 예를 다하고 싶다고 말하는 청년에게 예수는 "죽은 이들의 장사는 죽은 이들이 지내도록 내버려두고, 너는 가서 하느님의 나라를 알려라"(루카 9,60)라고 말한다. 부모와 형제자매, 배우자와 자녀를 심지어 "미워하지 않으면" 당신의 제자가 될 수 없다고 말하기도 했다(루카 14,26).

성서학자 최진영의 마태오복음 연구에 따르면, 예수는 구원이 혈통에 의해 보장된다고 믿었던 유대사회의 관념을 도전하고 해체한다. 예수는 유대인들에게 "'아브라함을 조상으로 모시고 있다'고 말할 생각일랑 하지 마라. 내가 너희에게 말하는데, 하느님께서는 이 돌들로도 아브라함의 자녀들을 만드실 수 있다"(마태 3,9)고 했다. 또한 다윗의 혈통 속에서 메시아가 나오리라고 믿는 이들에게 반문했다. "다윗이 메시아를 주님이라고 부르는데, 메시아가 어떻게 다윗의 자손이 되느냐?"(마태 22,45)[28] 예수의 메시아적 정체성은 가문과 혈통이 아니라 하느님이 직접 세운 것이다. 하느님 스스로 그를 "내 사랑하는 아들"이라 호명한다(마태 3,17; 17,5).

예수는 이러한 하느님의 가족정체성을 '그를 따르는 이들'로 확장했다. 어머니와 형제들이 찾아왔을 때 그는 "누가 내 어머니고 누가 내 형제들이냐?" 하고 물으며, 혈연으로 맺어진 가족이 아니라 "하늘에 계신 내 아버지의 뜻을 실행하는 사람이 내 형제요 누이요 어머니다"라고 말한다(마태 12,46-50; 마르 3,33-35; 루카 8,19-21). 혈통 중심으로 유지되는 유대사회의 가족체계를 정면으로 부정하며 새로운 가족을 탄생시키는 순간이다. 예수는 하늘에 계신 아버지 외에 인간 가부장을 두지 않았다. 예수가 구성하는 가족은 혈연이 아닌 하느님의 뜻을 행하는 자들에게 친족관계와 상속

권이 주어지는 가족이다(마태 5,5; 12,50; 21,43; 25,32-34; 40). "예수의 왕권은 지위, 부, 권력이 아닌 겸손과 비천한 자를 향한 돌봄으로 표현된다."[29]

이렇듯 예수는 우리에게 혈연과 친족관계가 아닌 사랑과 돌봄, 제자됨에 기반한 공동체와 사회질서를 상상해보라고 요구한다. 이러한 사회는 분명 혼인과 혈연으로 이루어진 가족의 생존을 위해 전력을 다해 아슬아슬 유지되는 사회는 아닐 것이다. 사회구성원 각자의 삶이 보이지 않게 서로 긴밀하게 이어져있음을 인식하고 이를 더욱 적극적인 사회관계망으로 현실화하는 세상일 것이다. 내 가족만 살아남으려 한다면 결국 더 고립되고 더 깊이 고꾸라질 뿐이다. 서로가 서로에게 기대고 함께 돌보며 아이들을 키우고 약한 이들을 보살필 때, 나의 삶도 내 가족의 삶도 존재한다. 이렇듯 돌봄을 중심으로 가족이 확장되고, 다양한 형태의 가족이 인정받을 때 비로소 파편화된 가족 관계도 회복되며 위기에 놓인 저출생 문제도 해결의 실마리를 찾지 않을까?

가족 이데올로기의 형성 과정이 드러내듯, 여성에 대한 폭력과 차별의 주체는 개인뿐만 아니라 국가와 제도도 포함된다. 가톨릭교회 또한 여성을 종속적인 성역할로 보는 시각을 만들어내는 데 기여해왔다. 페미니즘과 교회 사이의 긴장과 갈등은 계속될 것이며, 때로는 적극적으로 차이를 드러내는 것이 회피하거나 무시하는 것보다 나을 수도 있다. 하지만 적어도 가족 논의에서 교회와 페미니즘 사이의 협력은 충분한 가능성을 갖고 있다고 생각한다. 교회가 남성의 시각과 권위로 유지되고 있음을 인정하고, 여성이 온전한 인간으로 존재하는 세상을 지향하는 페미니즘의 역할을 존중하며 대화를 시작한다면 말이다.

혈연과 지연을 뛰어넘어 하느님의 가족을 추구하는 가톨릭교회의 가르침은, 언제든 자본과 권력에 동원되거나 이용당할지 모르는 가족을 보호할 수 있다. 또한 정상가족 이데올로기로 인한 차별과 배제의 현실을 드러내는 페미니즘은 다양한 삶의 방식을 포용하고 존중하는 삶을 살아 갈 토대를 마련하며 인간존엄성과 평등을 강조하는 성경의 전통과 만날 수 있다. 예수가 가르친 진정한 가족을 만들어가기 위해 교회가 좀 더 적극적으로 나아가, 페미니즘과 진지한 대화를 시작해보면 어떨까? '정상가정'을 이룰 수 없는 이들을 판단하기보다 그들의 처지를 더 가까이 이해하고 인정한다면, 또 다양한 형태의 가족이 겪는 어려움과 위기에도 좀 더 귀 기울인다면 어떨까? 서로 돌보며 공동선을 이루어가는 여정에, 교회와 페미니즘은 서로에게 좋은 동반자가 되지 않을까?

더 생각해 볼 질문들

- 핵가족의 이상인 마리아-요셉-예수로 이어지는 성가정 모델이 근대의 산물이라는 주장은 현대 교회가 가족에 대한 교리를 재해석할 여지를 제공한다. 성서에서 '혼외 임신'을 한 마리아와, 마리아를 받아들인 요셉과, 집을 떠나 공동체 생활을 하며 방랑했던 예수의 생활방식, 또 그의 급진적인 가족관이 현대의 다양한 가족형태에 주는 함의는 무엇일까?

- 가족이 '사회생활의 근원적 세포'라는 교회의 관점과, 가족이 국가통치의 도구로 활용되어왔다는 페미니즘적 비판은 어떤 지점에서 교차하며 충돌할까? 이 긴장관계는 어떻게 해소될 수 있을까? '돌봄을 중심으로 한 가족의 확장' 개념은, 현대사회의 극단적 개인주의와 가족주의를 동시에 넘어설 대안이 될까?

- '하느님 가족'이라는 대안적 개념은 실제 교회공동체 안에서 어떤 방식으로 구현될 수 있을까? 혈연을 넘어서 공동체를 강조한 예수의 가르침은 다양하고 포용적인 가족 및 친족 구조를 재구상하는 데 어떤 영감을 줄까? 특히 혈연가족 중심의 한국의 가톨릭 문화에는 어떤 도전을 던질 수 있을지 고민해 보자.

- '정상가족' 이데올로기가 교회 안에서 작동하는 방식과, 이것이 신자들의 신앙생활에 미치는 영향은 무엇일까? 특히 한국의 1인가구, 한부모가정, 다문화가정 등의 경험은 교회공동체에 어떤 변화를 가져왔을까? 위의 글에서 언급된 '가족주의의 병리현상'이 한국 가톨릭 공동체 안에서는 어떤 방식으로 나타나고 있으며, 이를 극복하기 위한 신학적·실천적 방안은 무엇일지 논의해 보자.

- 교회가 비혼, 이혼, 동성혼 등 전통적 가족개념에서 벗어난 이들을 포용하면서도, 동시에 가톨릭의 혼인성사와 가정에 대한 가르침을 조화롭게 유지할 방안에 대해 고민해 보자.

- 본문이 제시하는 페미니즘과 가톨릭의 '대화 가능성'은 구체적으로 어떤 지점에서 실현될 수 있을까? 특히 생명윤리나 돌봄의 윤리 측면에서 이야기해 보자. 또한, '서로가 서로에게 기대고 돌볼 때' 가능한 형태의 새로운 공동체는, 현재 한국 교회가 직면한 고령화나 공동체성 약화에 어떻게 새로운 시각을 제시할 수 있을까?

10장

'간청하는 믿음'으로
한 발자국 더 나아가기
동성애에 관한 여성신학적 성찰

    한국 사회에서 성소수자 담론이 형성되기 시작한 것은 1990년대다. 마치 교회 내에는 성소수자들이 존재하지 않는다는 듯 30년이 지나도록 침묵과 무관심으로 대응해왔던 한국 천주교회에 최근 새로운 바람이 불고 있다. 퀴어퍼레이드에 가톨릭 부스가 들어서고, 공개적으로 활동하는 앨라이[1] 신자, 수도자, 사제가 늘었으며, 교회 관련 기관에서 성소수자들과 앨라이들이 미사를 봉헌한다. 역시 하느님은 우리의 마음을 움직이는 분이며, 비록 느리지만 교회도 지속적으로 변화하고 있음을 실감한다. 여기에는 신분 노출의 위험을 감수하며 용감하게 활동해온 당사자들, 숱한 문전박대에도 지치지 않고 사람들과 소통하며 설득해온 성소수자 부모들과 이 만남들을 자신의 일처럼 협력해온 앨라이 활동가들의 수고가 크다.[2]

이러한 사회적 기류 속에서 2023년 12월 18일, 교황청 신앙교리부의 교리선언문 「간청하는 믿음(Fiducia supplicans)」이 발표되었다. 사제가 하느님의 은총을 청하는 동성커플을 축복할 수 있다고 승인한 가톨릭교회 첫 공식 문헌이다. 선언문은 축복의 의미를 새롭게 천명한다. 축복은 동성커플을 포함한 모든 이들이 그리스도의 사랑에 가까이 다가가도록 초대하는 기회이므로(44항) 누구도 도덕적 완전성을 기준으로 축복의 대상을 평가하거나 배제하는 재판관이 될 수 없음(12, 13, 32항)을 분명히 한다. 그러나 동성커플 축복이 성사가 아니며, 동성혼을 인정하는 것처럼 보여서는 안된다는 조건이 달려있다(11항). 교종은 혼인이 남자와 여자 사이의 결합이라고 가르치는 교리와 신학적 견해를 바꾸지 않는 선에서, 규율에 묶인 채로 사목적 실천을 해서는 안된다는 점을 강조한다. 하느님은 모두를 차별 없이 사랑하며 모두와 함께하시기 때문이다.

선언문 발표 이후 격한 논란이 뒤따랐는데, 대부분은 동성혼 축복과 혼인성사의 차이를 구분하는 데 집중되었다.

선언문의 핵심인 포용과 자비의 메시지를 환영하기보다, 동성애가 '죄'이며 하느님의 창조질서에 어긋나는 '무질서'이므로 동성혼이 성사로 인정될 수 없다는 교회의 입장을 분명히 한다. 이러한 방어적인 모습이 불편하게 느껴지는 것은 어쩔 수 없다. 이를 보면 교회 내 성소수자에 대한 차별과 편견이 여전히 견고하며, 동성애에 관한 접근과 이해가 어떤 합의를 이룰 시점에 아직 도달하지 않았음을 확인하게 된다. 또한 신자들을 하느님의 사랑과 은총 속에 살게 하며 자비와 용서와 화해를 경험하게 하는 성사의 목적을 존중하기보다[3] 성사에 참여할 자격을 따지며 교회 안팎의 경계를 가르는 모습 또한 여전하다는 사실도 볼 수 있다.

동성혼을 성사로 인정하는 것과 더불어, 혹은 그보다 앞서 점검하고 논의해야 할 것은 동성애자의 존재에 대한 교회의 인식이다. 그러려면 가톨릭전통에서 드러나는 성性인식을 재고하고, '인간됨'을 형성하는 본질적 요소로 섹슈얼리티를 이해하며,[4] 책임과 의무가 동반되는 성적 자기결정권을 고려하는 사고의 전환과 확장이 필요하다. 바로 여성신학의 개입과 동반이 필요한 지점이다. 동성애에 관한 여성학과 여성신학의 입장에는 폭넓은 스펙트럼이 있으며, 어느 입장도 전적으로 옳거나 그르다 말할 수 없다. 이번 장에서는 이렇듯 다양한 논의들을 기반으로 가톨릭교회와 동성애 논의 사이의 긴장과 협력 가능성을 살펴볼 것이다.「간청하는 믿음」이 가져온 가능성과 개방성을 환영하고 축복하며, 조심스레 한 발 더 내딛어보려 한다.

가톨릭교회, 동성애, 그리고 여성신학: 긴장과 갈등 속에서 함께 나아가기

우선 교회 문헌에 표현된 동성애에 대한 신학적 견해를 살펴보자. 가톨릭교회에서 동성애를 '죄'이자 '객관적인 무질서'로 규정하는 근거는 성경과 자연법이다. 교회는 성경이 동성애를 '심각한 타락'으로 제시한다고 간주하며, 동성애는 "성행위를 생명 전달로부터 격리"시키므로 자연법에도 어긋난다는 입장을 유지한다. 동성애 행위들은 "애정과 성의 진정한 상호보완성에서 나오는 것이 아니므로 … 어떤 때에도 인정될 수 없다."(『가톨릭교회 교리서』 2357항)[5] 그럼에도 교회는 동성애자들을 "존중하고 동정하며 친절하게 대하여 받아들여야 하고, 그들에게 어떤 부당한 차별의 기미라도 보여서는 안 된다"(2358항)고 말한다.[6] 동성애 행위가 동성애자들 "대부분에게 시련이 되고" 있으므로 치유가 필요하기 때문이다. 그러므로 동성애자들을 향한 사목의 원칙은 그들이 "정결을 지키도록 부름 받고"있음을 알게 하는 것이며, "자제의 덕", "사심 없는 우정의 도움"과 "기도와 성서의 은총"으로 "점차 그리고 단호하게 그리스도교적 완덕"에 다가서야 함을 깨우치는 것이다(2359항).[7]

여성신학자들이 가톨릭교회의 동성애 인식과 입장에 대해 문제제기를 하는 지점은, 우선 성경과 자연법이 동성애를 단죄하고 거부한다는 전제, 그리고 동성애 행위를 죄와 무질서로 간주하면서 동성애자는 인격체로서 존중 받아야 한다고 가르치는 이중적 태도에 관한 것이다. 우선 성경과 자연법의 근거부터 살펴보겠다.

동성애는 성경의 전통에 반하는 죄인가?

성경을 통틀어 동성애를 언급하는 구절은 7개다.[8] 이중 어느 구절도 동성애를 직접적으로 비난한다고 볼 수 없다는 것이 현대 성서학의 보편적 견해다. 빈번하게 인용되는 세 구절만 살펴보자. 창세기에 등장하는 소돔의 죄악(창세 19, 1-25)은 동성애를 반대하는 성서적 근거로 제일 자주 언급되지만, 본질적인 메시지는 종교적 의무인 환대를 거부한 소돔 백성들에 대한 징벌이지 동성애에 대한 징벌이 아니다.[9] 롯의 집에 들이닥친 무리가 요구한 것은 강간이지 동성애가 아니다. 만약 동성애가 멸망의 이유였다면, 마태오복음 10장 15절과 루카복음 10장 12절에서 예수가 소돔의 죄를 언급할 때 동성애를 이유로 들었어야 한다. 그러나 이 구절에서 예수가 강조한 것은 환대가 없는 도시들에 대한 심판이지 동성애가 아니다.[10] 남자와 남자가 성관계를 하면 "죽어야 마땅하다"(레위 20,13)고 강력하게 말하는 레위기의 구절도 맥락을 고려해 읽어야 한다. 탈출기 이후 이스라엘 공동체는 인근 지역 부족과 갈등 속에서 공동체의 정체성과 안정을 확립하는 것을 중요한 과제로 삼았다. 유다인을 결속하는 데 효과적인 명분은 유일신 신앙과 민족적 순결이었으며, 종족의 번성을 통해 생존의 조건을 확보하는 데 있었다. 레위기에 등장하는 수많은 규율은 이러한 배경에서 만들어졌으며, 그중에서도 강력한 가부장제와 출산장려는 공동체의 기강을 세우기 위한 모든 율법의 중심이었고, 유일신 야훼와 올바른 관계를 유지하려는 핵심적 규율이었다. 동성애를 포함하여 생식을 목적으로 하지 않는 모든 성관계를 배척하고 엄히 다스려야 했던 당시의 상황을 이해할 수 있다. 따라서 레위기 텍스트 중 동성애에 관한 구절만 따로 떼어내 반反동성애의 증거로 사용하는 것은 곤란하다.[11]

신약에서 대표적인 반동성애 텍스트로 종종 인용되는 로마서 1장 26~27절도 마찬가지다. 로마 문화와 긴장을 유지하며 공동체를 확장하던 초기 그리스도인의 상황을 고려해야 한다. 신학자들은 이 단락에서 바오로가 언급하는 죄는 우상숭배지 동성애가 아니라는 데 의견을 모은다. 또한 그가 비난하는 동성애는 오늘날처럼 성인들이 서로 합의에 따라 만나는 애정관계가 아니라, 당시 로마 귀족층에 팽배했던 착취에 기반한 소아성애(pedophilia)였다는 점도 주목해야 한다.[12] 결론적으로, 성경은 성에 대한 일관적인 지침이나 규범을 제시하지 않는다. 그리고 가장 눈여겨볼 대목은 예수가 동성애나 성적 정체성에 관해 단 한 번도 언급하지 않았다는 점이다. 동성애가 신앙의 본질을 위협하는 죄라고 간주할 수 없는 이유가 이것이다.[13]

그렇다면 창세기 1장의 창조설화는 어떻게 읽어야 할까? 하느님이 여섯째 날에 인간을 "남자와 여자"로 창조하고 "자식을 많이 낳고 번성하라"(창세 1,27-28)고 하셨다는 것은 성경이 이성애와 양성兩性주의를 규범으로 삼았다는 분명한 증거가 아닌지 되물을 수 있을 것이다.[14] 그러나 창세기 1장은 역사적 기록이 아니라 세상의 기원에 관한 신화라는 점을 잊지 말아야 한다. 6일간의 창조설화를 문자 그대로 해석하는 방식은 가톨릭교회에서도 이미 오래전에 설득력을 잃었다.

바티칸은 과학과 창조가 서로 반목하지 않음을 명시했고, 문자주의에 얽매이기보다 창조설화의 의도를 존중하며 현대 과학지식과의 접점을 찾는 해석을 권장한다.[15] 창조설화의 핵심은 신이 사랑으로 세상을 창조했으며, 모든 것을 창조하고 기뻐하셨다는 것이지 언제 어떤 순서로 창조했는지는 중요하지 않다. 신학자들은 창조설화를 문자적으로 읽을 수 없는 것과 마찬가지로, 창조설화에 포함된 인류의 기원 또한 문자적으로 읽을 수 없음을 역설한다. 생물학적 성별이나 젠더에 상관없이, 모든 인간은 하느님의 모상으로 창조되었다.[16]

창조설화의 성별 이분법은 고대 근동의 성에 대한 제한적 지식에 근거한 가정이다. 성에 대한 과학적·사회적 탐구가 풍부하고 정교해진 오늘날에 조차 창조설화를 문자 그대로 읽는 것은 무리일 수밖에 없다.[17] 신학자들은 남자와 여자가 하느님의 모상대로 창조되었다는 설화를 은유적 의미로 해석한다. '하늘과 땅'이 온누리를 일컫는 표현이지 하늘과 땅의 공간적 분리를 의미하지 않듯이 '여성과 남성'은 성소수자를 비롯해 모든 인류를 포괄하는 비유다.[18] 따라서 창세기 1장을 근거로 양성주의, 이성애주의가 하느님이 허락한 유일한 인간의 존재 방식이라고 단정 지을 수는 없다.

동성애는 자연법 질서에 어긋난다?

동성애가 '무질서'라는 근거는 중세신학을 집대성한 성聖 토마스 아퀴나스Thomas Aquinas의 『대이교도대전(Summa contra gentiles)』과 『신학대전(Summa Theologica)』에서 유래했다.[19] 성행위의 적합성을 판단하는 토마스 아퀴나스의 신학적 원칙은 자연성과 부자연성이다. 토마스 아퀴나스는 모든 자연성에는 창조질서에 부합하는 목적과 질서가 있고, 성관계의 목적이 생식과 출산이며, 그에 부합하는 질서는 남녀의 결합이라고 생각했다.[20] 자연의 목적과 질서를 따르는 성관계로만 생명을 잉태할 수 있기 때문에, 생식이 불가능한 동성애는 자연법에 위배되는 무질서라는 것이 아퀴나스의 주장이다.[21] 가톨릭교회는 오늘날까지 아퀴나스의 입장을 고수한다. 교리서는 혼인의 목적이 자녀출산(2366항)이며, 따라서 혼인은 남녀의 결합이어야 하고, 성은 출산을 위해 필요하다(2360항)는 원칙을 명시한다.

토마스 아퀴나스가 위의 작품들을 집필한 시기는 13세기다.[22] 그는 중세유럽의 과학적 상식을 바탕으로 자연법 이해의 초석을 다졌다. 그러나 자연과학 지식이 불변하며 객관성과 중립성을 견지한다는 생각은 신화적 상상에 불과하며, 과학의 영역에서 이러한 인식은 이미 상식과 통념이 되었다. 페미니스트 과학자인 도나 해러웨이Donna Haraway는 과학을 설명하는 언어 자체가 사회적 산물이며, 따라서 과학도 사회가 사용하는 언어 체계와 이념에서 자유로울 수 없다고 주장한다.[23]

그러나 교회가 이해하는 자연질서란 여전히 인간은 만물의 영장이며, 여성과 남성으로 명확하게 구별되고, 종의 번식을 위한 출산은 여성의 생물학적 본질이라는 화석화된 믿음에 갇혀있다. 인간이 태어나 자라고 죽는 과정은 단지 자연질서에 의해서만 좌우되는 것이 아니다. 사회적 환경의 영향과 자신의 의지에 따른 선택 또한 중요하다. 이렇듯 자연과 사회의 경계가 모호함에도 자연에서 발견한 것을 법칙으로 만들어버린다면, 지난 시대의 자연과학이나 유사과학의 틀 안에서 생겨난 사회의 이데올로기들을 마치 절대적 지식인 듯 정당화하게 된다. 인종차별, 성차별, 장애인차별, 연령차별 등 모든 차별 이데올로기는 이렇게 탄생했고 안타깝게도 여전히 맹위를 떨치고 있다.[24]

동성애, 이성애와 '자연질서'의 관계는 토마스 아퀴나스가 이해한 것보다 훨씬 복잡하다. 자유의지가 없다고 간주되는, 따라서 자연질서를 거스를 수 없는 동물들의 동성애는 어떻게 설명할 것인가?[25] '남성다움'과 '여성다움'을 구분하는 기준은 자연의 질서인가 사회적 산물인가? 계급, 인종, 나이 등의 사회적 모순과 분리된, '순수한' 남성과 여성의 차이는 존재하는가? 인간의 사회질서가 변화하는 것과 마찬가지로, 자연과 생태계의 질서도 끊임없이 변화한다. 인간의 인식론적 도구로는 살아 움직이는 자연의 원리를 총체적으로 이해할 수 없다. 오로지 하느님만이 그 질서를 알고 섭리하신다. 관찰과 학문을 통해 조금씩 더 다가가는 것, 과거의 오류를 성찰하고 새로운 통찰을 받아들이는 것이 우리 인간의 몫일 터이다. 자연의 질서를 온전히 다 이해한다는 태도는 하느님의 섭리와 역사하심까지 다 알아낼 수 있다는 오만에 불과하다.[26]

이중 잣대:
동성애 성향은 인정하되, 행위는 거부해야 한다?

그렇다면 "동성애 성향은 그 자체가 죄가 아니므로 인정하되, 동성애 행위는 거부해야 한다"는 입장은 어떻게 보아야 할까? 인간의 성향과 행위, 특히 섹슈얼리티는 분리될 수 없다. 성향이 행위로 이어지고, 행위가 성향을 만들어간다. 동성애 성향은 인정하면서 그 성향에 해당하는 행위를 거부하는 것은 사람의 정체성과 경험, 인격이 그의 섹슈얼리티와 분리되지 않는다는 사실을 무시하는 단편적이고 이중적인 시각이다. 사제나 수도자로 부름 받거나 독신을 선택한 이가 아닌 경우에도 정결을 강요받는 것은 인간관계에서 사랑과 소통, 덕행을 배우고 성장하는 인간의 기본적 권리와 의무를 무시하는 처사다.

여성신학자들은 가톨릭교회의 이러한 이중 잣대가 섹슈얼리티에 대한 전반적 이해의 부족에서 비롯된 것이라 말한다. 여성학과 여성신학의 시각에서 가톨릭교회의 성에 대한 인식은 재검토해야 할 점이 많다. 인간의 섹슈얼리티는 성별 구분이나 재생산을 위해서만 존재하는 것이 아니라, 서로를 사랑하고 열망하며 연합할 수 있는 가장 기본적인 삶의 원동력이다. 재생산을 위한 성관계만이 정당하다는 견해는, 모든 관계의 본질적 요소인 사랑과 상호동반성의 가치를 무시하고 있다. 기능과 규범으로만 섹슈얼리티를 이해하려 한다면 성적 자기결정권의 범위를 제한하고, 암묵적으로 권력남용에 따른 성적 착취나 폭력까지도 용인할 가능성을 만들게 된다.

가톨릭 성윤리를 쇄신하고 재구성하는 데 여성신학의 역할은?

우선 여성신학의 시각으로 성윤리를 재고하는 일이 결코 성경과 교회 전통을 제거하는 일이 아니라는 점을 강조하고 싶다. 성경과 교회의 전통은 여전히 신앙인의 삶에 중요한 자리를 차지한다. 신자들이 함께 생각하고 소통하며 하느님의 가르침에 따라 살아갈 공통의 기반이기 때문이다. 피해야 할 것은 오히려 성경과 전통의 가르침을 문자적으로 읽고 받아들이는 태도, 그리고 자신의 삶과 연결 짓지 못하는 모습이다. 섹슈얼리티 논의에서는 무엇보다 한 사람 한 사람의 고유한 삶과 경험이 중요하다. 따라서 가톨릭 성윤리 구상에 선행되어야 할 것은 기준과 규범을 세우는 게 아니라 각자가 자신의 체험과 생각을 솔직하게 나눌 담론의 공간을 창조하는 것이다. 어떤 견해를 수호하거나 반대하기보다 성에 관한 지식과 체험, 이해와 성찰이 표현되고 유기적으로 통합되는 과정이 마련되어야 한다.[27] 그러려면 더욱더 체계적이고 전인적인 성교육과 성인지 감수성을 키우는 작업이 필히 선행되어야 할 것이다.[28]

불가능하게 느껴질 수도 있다. 교회에는 여전히 성적 엄숙주의가 깊이 뿌리내리고 있기 때문이다. 한국 사회의 유교문화와 조응해 더 강력해진 이 엄숙주의는 성에 관한 모든 이야기를 금기의 영역에 가둔다. 성을 불순하고 위험하며 부도덕적인 것으로 간주하며, 인간의 욕망을 죄로 규정하는 사고방식이 여전히 만연하다.[29] 바로 이 엄숙주의라는 무거운 옷부터 벗어야 하지 않을까? 인간은 다른 인간을 사랑하고 관계를 맺는 순간에 가장 취약해지며, 그 경험을 통해 탈아脫我(Ecstasy)를 체험하고 성숙한다. 에로스와 아가페는 분리될 수 없다. 사랑과 관계맺음은 하느님의 은총이 들어오는 통로이며 성령이 일하시는 일터가 된다.

성적 엄숙주의는 이러한 은총의 통로를 가로막고 죄의식으로 내면을 무장시킨다. 독문학자 김누리는 '성에 대한 죄책감이 민주주의의 적'이라고까지 말한다. 성적 억압은 사유 일반의 억압으로 이어지며, 결국 인간의 비판능력을 제거해 종속적이고 왜곡된 자아를 만들기 때문이다.[30] 욕망은 자연스러운 것이며 인간의 본성임을 인정하고, 성적 자기결정권이 존중되어야 함을 배우고 체험하는 과정을 통해 인간은 생명에 관한 감수성과 인권에 대한 책임의식을 키울 수 있다.[31]

「간청하는 믿음」이 만들어낸 틈새

성소수자들을 있는 모습 그대로 받아들이려는, 동성애를 편견 없이 바라보려는 교회의 여정은 이제 막 시작되었다. 「간청하는 믿음」이 만들어낸 틈새다. 가야 할 길이 멀지만 비관적이지간은 않다. 성소수자들을 축복의 대상으로 바라보면서 교회의 시야가 이제 조금 더 넓어지고 밝아졌기 때문이다. "교회는 영혼들을 통해 눈을 뜬다."[32] 포기할 수 없는 이 은총의 여정을 위해, 우리 모두가 지침으로 삼으면 좋을 지혜서의 말씀을 떠올려본다.[33]

"당신께서는 존재하는 모든 것을 사랑하시며 당신께서 만드신 것을 하나도 혐오하지 않으십니다. 당신께서 지어내신 것을 싫어하실 리가 없기 때문입니다. 당신께서 원하지 않으셨다면 무엇이 존속할 수 있었으며 당신께서 부르지 않으셨다면 무엇이 그대로 유지될 수 있었겠습니까? 생명을 사랑하시는 주님 모든 것이 당신의 것이기에 당신께서는 모두 소중히 여기십니다."(지혜 11,24-26)

성소수자 인권을 상징하는 프라이드 깃발. 6가지 무지개 색에 유색인종(흑색과 갈색), 트랜스젠더(하늘색과 분홍색), 성전환과정 중에 있는 사람과/또는 논바이너리(흰색)를 표현한다. 논바이너리non-binary는 자신의 성을 특별히 정의하지 않으며 기존의 성역할 혹은 젠더나 전통에 따른 구분이 아니라 그저 한 인간으로 존중되기를 바라는 입장이다.

더 생각해 볼 질문들

- 「간청하는 믿음」에서 동성커플에 대한 축복을 허용하면서도 이를 성사로 인정하지 않는 한계는 한국 천주교회에서 어떤 의미일까? 이러한 제한 속에서 교회가 성소수자를 포용할 방법은 무엇일까? 이를 위해서는 어떤 신학적·사목적 준비가 필요할까? 한국의 보수적인 교회 문화를 고려한다면 여기엔 어떤 도전과 기회가 있을까?

- 자연법에 대한 전통적 해석과 현대 과학의 발견들 사이의 간극을 한국 교회는 어떻게 조화롭게 해석하고 수용할 수 있을까? 자연법에 기반한 동성애 반대 논리를 재검토할 필요가 있다면, 어떤 기준으로 이러한 논리를 재평가할 수 있을까?

- 한국의 유교문화와 가톨릭의 성적 엄숙주의가 결합된 현상이 성소수자 담론에 어떤 영향을 미치고 있을까? 동성애에 대한 교회의 이중적 태도(성향은 인정하되 행위는 거부)가 한국 교회공동체 안에서 어떤 실천적 모순을 낳고 있으며, 어떻게 이를 극복할 수 있을까?

- 한국 천주교회에는 성에 대한 엄숙주의가 깊게 자리 잡고 있다. 이러한 엄숙주의를 벗어날 수 있는 방법은 무엇일까? 한국 천주교회의 맥락에서 '전인적 성교육'과 '성인지 감수성' 교육은 어떤 형태로 이루어질 수 있으며, 이를 위한 실천적 방안은 무엇일까? 한국 천주교회에서 여성신학적 관점이 성소수자 담론에 기여할 구체적인 방안은 무엇일까?

- 성소수자 신자와 그들의 부모가 한국 교회에서 겪는 구체적인 어려움은 무엇이며, 교회는 어떻게 이들과 함께 할 수 있을까? 성소수자와 함께하는 미사와 성소수자와 앨라이들이 만드는 가톨릭 부스들이 교회공동체에 가져오는 변화와 도전은 무엇일까?

- 성소수자와 관련된 교회의 교리나 신학적 입장이 한국 사회의 보편적 인권과 어떻게 갈등을 빚고 있으며, 이러한 갈등을 극복할 방안은 무엇일까?

- "교회는 영혼들을 통해 눈을 뜬다"는 말의 의미를 묵상하며, 한국 교회가 성소수자들의 체험과 목소리를 경청하게 할 구체적인 방법을 생각해 보자.

11장

경계에서 길 찾기
가톨릭교회와 재생산권

    2022년 6월, 미 연방대법원은 임신중지 권리를 인정한 1973년 '로 대 웨이드(Roe Vs. Wade) 판결'을 무효화했다. 로 대 웨이드 판례는 태아가 자궁 밖에서 생존 가능한 임신 24주를 기준으로 그전까지는 임신중지를 허용하여 재생산에 대한 여성의 권리를 헌법적으로 확립한 판결이다.[1] 이 판결을 무효화하고 '도브스(Dobbs) 판결', 즉 미국 연방 차원으로 인정되었던 임신중지 권리를 주정부가 제한할 수 있게 하는 법률을 공식화한 것이다.[2] 이 결정에 여성계는 강한 반발을 표하며, 여성의 재생산권리와 자율성이 심각하게 위협

받고 있다고 비판했다.

임신중지 권리가 연방 차원의 보호를 받지 못하게 되면서 여성 건강과 사회적 평등이 후퇴할 것이라는 우려가 커지고 있다. 도브스 판결 이후 각 주의 법이 상이해지면서 혼란이 발생하는 것이다. 강간과 같은 극단적 상황에서도 임신중지를 금지하는 엄격한 법이 도입된 주들도 있다. 이 결정은 특히 사회경제적으로 취약한 여성들에게 불평등한 영향을 미칠 가능성이 크다. 임신중지가 허가 되지 않는 주에 사는 저소득층 여성들이 원치 않는 임신을 할 경우 다른 주로 이동할 경제적 여유가 없어 불법적이거나 위험한 시술에 의존할 가능성이 높아졌기 때문이다. 의학적으로 위험한 임신을 강제로 유지하게 하여 여성의 건강과 생명을 심각하게 위협할 수도 있다.

가톨릭교회의 입장과 활동은 도브스 판결에 큰 영향력으로 작용했다. 교회의 생명존중교리가 임신중지를 반대하는 법적 논거에 도덕적 토대를 제공했을 뿐 아니라, 가톨릭 신자인 대법원 내 판사들의 의견이 최종 판결에 적극 반영된 것이다. 도브스 판결의 예가 보여주듯, 가톨릭교회와 페미니즘은 여성의 임신중지권 또는 '임신중지권'을 놓고 첨예하게 대립해왔다.[3] '태아의 생명권'과 '여성의 자기결정권'에 대한 이념 싸움으로 전개되어 마치 "교회는 페미니즘을 태아살해의 주범처럼, 페미니즘은 교회를 여성억압의 주범처럼 여기는 구도"가 형성되었다.[4] 하지만 대립과 갈등이 극대화된 영역이야말로 대화가 가장 절실한 영역이다. 그래서 여성의 언어와 교회의 언어를 둘 다 사용하는 여성신학에 주목하게 된다. 갈등 해결이 요원해 보이는 임신중지권에 대해 여성신학은 어떤 신학적 견해를 내놓을 수 있을까?

앞서 이야기했듯, 여성신학은 단순하게 여성의 권리만을 주장하는 신학이 아니다. 여성의 재생산권에 관한 논의가 단순히 '여성의 권리'와 '생명 보호'의 이분법적 구도에 머무르면 식별과 대화의 공간이 닫힌다. 갈등과 대립이 첨예한 곳에서 여성신학은 성급하게 답을 찾을 것이 아니라, 이분법적 구도를 넘어설 새로운 질문을 고민해야 한다. 즉, 첨예한 논쟁의 각축장에서 한발 물러나, 극단적 대치로 가려진 현실을 드러내고, 그 경계에서 새로운 관점을 제시할 수 있어야 한다. 그러기 위해 우선 교회와 페미니즘 양쪽의 입장을 경청해 보자.

'임신중지'에 관한 가톨릭교회의 입장

가톨릭교회의 임신중지담론에서 가장 중요한 것은 모든

인간에게 하느님의 모상이 깃들어 있으며, 수정되는 순간부터 독립된 하나의 생명이 시작된다는 인간존엄성의 원칙이다.[5] 성경해석에 근거한 이 원칙은 수정 때부터 배아, 태아, 출산 이후의 인간 모두에게 동일하게 적용되므로 임신중지는 살인에 해당하는 '중죄'다.[6] 생명을 여러 단계로 나누어 차별할 수는 없으며, 이에 따른 어떠한 차별도 다른 모든 생명 차별과 마찬가지로 결코 정당화될 수 없다.[7]

성경과 더불어 눈여겨볼 만한 회칙은 1968년에 발표된 교종 바오로 6세의 「인간생명(Humanae Vitae)」과 1995년 요한 바오로 2세의 「생명의 복음(Evangelium Vitae)」이다. 특히 「인간생명」은 인간존엄성에 대한 가톨릭의 입장이 가장 명확하게 드러난 회칙이다. '인공적인 방법을 통해 산아를 제한하는 반생명성에 대한 비판', '생명현상에 대한 인공적인 개입금지'(「인간생명」 14, 16항), '임신과 출산의 책임을 실천하지 못하게 만드는 불신과 퇴폐에 대한 반성'(「인간생명」 17항)을 담고 있으며, 임신중지를 "고의적이고 직접적인 살인행위"로 간주해 어떠한 경우에도 용납될 수 없다고 명시한다(「인간생명」 58, 63항).[8]

가톨릭교리는 인간존엄성의 원칙과 더불어 이웃사랑의 원칙을 강조한다. 태아도 공동체의 구성원이며 이웃이므로, 임신이 된 순간부터 존중하고 보호해야 한다(「인간생명」

2270항). 따라서 교회는 임신중지에 대한 협력이나 주선 역시 낙태죄와 더불어 '중죄'로 간주하며 교회법에 따라 '파문'으로 제재한다(「인간생명」 2272항). 제2차 바티칸공의회의 사목헌장 「기쁨과 희망」에 따르면, 교회는 "온갖 살인, 집단학살, 낙태, 안락사, 고의적인 자살과 같이 생명 자체를 거스르는 모든 행위; 인간 이하의 생활 조건, 불법감금, 추방, 노예화, 매매춘, 부녀자와 연소자의 인신매매와 같이 인간의 존엄성을 침해하는 모든 행위; 또한 노동자들이 자유와 책임을 지닌 인간이 아니라 이윤 추구의 단순한 도구로 취급당하는 굴욕적인 노동 조건" 등 생명을 침해하는 모든 행위들을 "치욕"이며, "인간 문명을 부패시키고", "창조주의 영예를 극도로 모욕하는" 행위로 간주한다.[9]

교회가 임신중지를 '중죄'로 규정하고 있다는 사실은 명확하다. 이에 따른 '파문'은 신자를 교회의 공동체적 친교로부터 추방하는 가장 무거운 제재이기도 하다. 그러나 파문 이후에도 교회는 용서와 구원의 가능성을 열어두고 있다는 점을 기억해야 한다.[10] '낙태죄'가 여성을 처벌하기 위한 것이 아니라, 성찰과 용서를 통해 하느님과 이웃과의 관계 회복으로 인도하기 위한 것이라는 뜻이다.[11] 교회법의 근저에는 하느님의 용서와 자비가 있다.

'임신중지'에 관한 페미니즘의 입장

미디어를 통해 접하는 임신중지 담론은 아직도 '프로초이스pro-choice'와 '프로라이프pro-life'의 대립, 즉 생명권과 자기결정권의 이분법적 구도에 갇혀있으며, 교회가 페미니즘을 비판하는 근거 또한 이 구도에서 벗어나지 않는다. 교회는 페미니즘이 여성의 자유권과 신체에 대한 자기결정권만 내세우고 태아의 생명은 고려하지 않는다고 비판한다.[12] 그러나 생명권과 자기결정권의 대립구도에 관한 성찰과 반성은 사실 페미니즘 내부에도 존재한다.[13] 페미니스트들은 프로라이프와 프로초이스 둘 다 생명에 대한 진지한 고려가 결여돼있다고 주장한다. 자기결정권만 내세우며 태아의 생명존중과 여성의 윤리적 갈등을 무시하는 프로초이스뿐 아니라, 태아의 생명만 강조하며 여성의 생명을 보호하려는 안전한 인공임신중지 시술을 무시하는 프로라이프 또한 실제 여성들이 겪는 현실을 온전히 반영하지 못한다는 것이다.

페미니즘에는 임신중지에 관해 각기 다른 접근과 방향을 제시하는 다양한 스펙트럼이 존재한다. 배아와 태아를 생명으로 간주하지 않는 입장도 있지만, 산모와 태아의 관계 형성을 중요시하여 두 생명 모두를 진지하게 고려하는 입장도 있다.[14] 여성의 자율적 선택에 우선권을 두는 주장도 있지만, 자기결정권이 장애 임신중지나 저소득층의 임신중지를 정당화하여 생명과 가치에 층위를 만들고 차별과 낙인을 재생산하므로 재고해야 한다는 주장도 있다.[15]

임신, 출산과 관련해 페미니즘은 여성의 자기결정권을 확보하려는 단순한 '권리투쟁'에서, 여성의 재생산권(reproductive right)과, 나아가 재생산정의(reproductive justice)를 추구하는 '인권운동'으로 확장되고 있다. 재생산권은 안전한 임신과 출산을 위해 누구나 가족계획에 대한 정보와 서비스에 접근할 권리, 여성과 태아 모두를 보호하기 위해 임신의 시기와 빈도, 지속여부를 자율적으로 결정할 권리, 임신과 출산뿐 아니라 양육의 과정에서 신체적·정신적·사회적 안녕 상태에 도달할 권리 등을 포함한다. 재생산 정의는 여기서 더 나아가 여성과 태아의 건강에 영향을 끼치는 사회적 차별의 요인(나이, 성별, 장애, 인종, 젠더, 성별 정체성, 가족형태 등에 따른)을 긴밀하게 다루며, 주거권, 노동권, 가족구성권까지 고려해 여성과 태아의 건강을 사회적으로 보장하기 위한 통합적 패러다임을 추구한다. 즉 정부와 지역사회가 임신중지를 통제하기보다 아이를 낳고 기를 여건을 조성하도록 요구한다.[16]

주목할 점은 임신과 출산에 관한 담론에서 가톨릭교회

와 페미니즘의 입장이 대립하는 부분도 있지만, 동의하는 부분도 적지 않다는 사실이다. 재생산권과 관련해 페미니즘이 일관되게 비판하는 것은 여성의 몸을 국가라는 가부장적 권력이 통제하고 억압하는 현실이다. 비판의 근거와 원칙은 교회와 마찬가지로 인간존엄성과 생명보호다. 페미니즘은 여성과 태아의 생명이 정상가족의 기능, 국가발전과 경제성장의 도구가 아니라 그 자체로 인권의 기반이며 존엄성을 가져야 한다고 주장한다. 어떠한 생명도 예외일 수 없다.

여성신학: 경계에서 사유하기

가톨릭교회와 페미니즘은 인간존엄과 생명보호라는 원칙을 공유한다. 그렇다면 무엇이 대립과 반목을 초래하는 것일까? 갈등과 적대를 대화와 협력의 구도로 바꾸는 것은 불가능할까? 여성의 경험을 통해 교회의 임신중지담론을, 또 가톨릭신자의 경험을 통해 페미니즘의 입장을 바라보며 서로가 놓치는 현실을 드러내보면 어떨까?

우선, 교회와 페미니즘이 공유하는 '인간존엄성'의 원칙부터 살펴보자. 교회가 임신중지를 죄로 규정할 때 원칙으로 삼는 인간존엄성 수호는 태아의 생명권에 집중되어있다.

여성의 경험으로 본다면, '가장 약한 생명인 태아를 보호해야 한다'는 교회의 입장을 존중하더라도 태아를 모성과 독립된 생명으로 간주하는 시각은 너무 단순하고 결정론적이다. 태아와 모성은 분리될 수 없다. 이 두 생명의 관계를 간과한다면 태아의 경우 신체의 물질성만, 모성의 경우 자궁이라는 신체의 기관만을 강조함으로써 물질주의적 사고에 빠질 위험이 있다.[17]

한편 가톨릭신자의 시각으로 여성의 자기결정권을 성찰한다면, 인간은 유한하며 언제나 다른 이들과의 관계성 속에 존재한다는 사실을 간과한다는 점에서 문제적이다. 내 몸에 생긴 일이고 나에게 마땅한 권리이기 때문에 임신중지를 할 수 있다는 자유주의적 사고는 하느님과 나의 관계를 고려하지 않을 뿐 아니라 계급, 인종, 젠더가 만들어내는 복잡한 사회관계망 속에서 미/비혼 여성·아내·파트너·노동자·시민·신자로 살아가는 여성에게 작용하는 "다양한 힘의 영향들을 삭제하고 그 선택의 책임을 전적으로 여성 개인에게 귀속"시킨다.[18]

여성신학은 편중된 양쪽의 언어 사이에서 관계성을 중심으로 인간존엄의 원칙을 재구상할 수 있다. 태아, 여성, 그리고 임신의 또 다른 주체인 남성, 이들을 둘러싼 사회적 환경, 여성의 신앙적·윤리적 갈등 등이 연결되어 끊임없이 영향을 끼치는 광범위한 재생산 과정으로 임신을 바라보는 것이다. 이러한 재생산과정에는 당사자 여성뿐 아니라, 임신과 출산행위를 직접 수행하지 않는 남성과 국가와 사회가 모두 참여한다. 따라서 임신과 임신중지, 출산에 대한 책임과 죄책감을 여성이 모두 떠안아야 한다는 현실을 비판할 수 있다.

교회와 페미니즘이 보호하는 '생명'의 범주도 살펴보자. 하느님이 주신 생명은 개체와 종족 유지가 목표인 생물학적 생명뿐 아니라, 생명들과 어울려 살아가는 사회적 생명을 포함한다. 생명권은 따라서 생물학적 범주뿐 아니라 공동체 속에서 안전하고 건강하게, 인간으로서 존중 받으며 살아갈 사회적 범주 또한 아우르는 기본권이다. 영아와 유아에게 절대적으로 필요한 돌봄의 시간을 간과한 생명보호는 있을 수 없다.

자기결정권을 중시하는 자유주의 페미니즘의 담론도, 생물학적 생명권을 강조하는 교회의 임신중지담론도 이러한 사회적 보호의 의무를 충분하게 고려하지 않는다. 사회적 생명권이 무시될 때 가장 피해를 입게 되는 이들은 청(소)년, 성소수자, 이주민, 장애인, 저소득층 등 이미 차별을 받는 이들이다. 이는 '가난한 이들에 대한 우선적 선택'이라는 교회활동의 근거에도 어긋난다. "모든 그리스도인과 공동체는 가난한 이들의 해방과 발전을 위해 그들이 사회의 완전한 일원이 될 수 있게 하는 하느님의 도구여야" 한다.[19]

여성신학은 생물학적 생명뿐 아니라 태아가 세상에 나올 때 사회적 존재로서 생명을 영위할 수 있는가, 국가와 사회가 이를 위한 제도적 조건을 담보할 수 있는가, 비/미혼 여성에게 부과되는 사회적 차별이 모성과 아기의 사회적 생명권을 위협하지 않는가를 묻는다. 사회적 생명권에 대한 문제의식은 '태아를 죽이는 임신중지를 한 여성은 죄인'이라는 낙인을 찍기 전에 먼저 임신중지문제의 본질, 즉 여성이 임신중지를 선택하도록 몰아가는 사회·정치·문화적 조건을 살피고, 이 차원에서 문제를 해결할 방안을 모색해야 한다.

그렇다면, 가톨릭교회와 페미니즘의 고민을 함께 표현하는 재생산의 언어라는 것이 가능할까? 임신한 가톨릭여성에게 절실하게 필요한 것은 재생산과정을 여성과 공동체의 경험으로 표현할 수 있는 언어다. 임신과 출산, 그리고 임신중지는 일차적으로 여성의 경험이지만 교회에서 그 경험을 표현하는 언어는 여전히 남성적 언어로 제한되어있다. 남성의 상상 속에 존재하는 임신한 여성은 다만 '어머니'일 뿐, 몸과 마음의 다양한 변화를 감당해야 하는 현실의 여성도 아니고 돌봄의 조건을 제대로 갖춘 사회적 존재도 아니다.

교회의 임신중지담론에서 가장 문제가 되는 것은 여성 목소리의 부재다. 임신, 출산, 양육의 과정에서 일차적 책임은 여성에게 있는데 교회의 생명존중담론에는 당사자 여성의 목소리가 배제되어 있다. 오히려 여성은 태아와 어린이의 생명을 존중하는지 "끊임없이 의심받고 훈육되는 존재"로 다루어진다.[20] 자기결정권 중심으로 접근하는 자유주의 페미니즘의 임신중지담론 또한 가톨릭여성에게 그다지 도움이 되지 않는다. 임신한 여성이 맞닥뜨리는 독특한 상황 속에서 반드시 필요한 식별과 성찰의 공간을 제공하지 않기 때문이다. 양심에 대한 교리는 모든 가톨릭신자가 지켜야 할 의무다(『가톨릭교리서』 1776~1802항). 여성은 도덕적 행위자로서 교회의 남성과 마찬가지로 스스로의 양심을 통해 신앙의 여정을 식별하도록 부름 받았다.[21]

여성신학은 재생산 및 성윤리와 관련한 여성의 경험을 공론화하는 것과 더불어, 이에 대한 식별과 대화의 공간을 확장할 의무가 있다. 또한 교회의 낙태죄가 여성을 단죄하고 처벌하기보다는 하느님의 용서와 자비를 일깨우려는 목적을 갖고 있다면, 사용하는 언어가 과연 궁극적 목적을 잘 담고 있으며 신자들이 그 의미를 삶에서 실천할 방향성을 제공하는지 점검할 필요가 있다. 가장 심각하게 재고되어야 할 문제는 교회가 임신중지를 '죄'로 규명하면서 국가와 법을 소환한다는 것이다.

형법상의 낙태죄와 가톨릭교회의 낙태죄는 다르다. 형법상의 낙태죄는 죄에 비례하는 제재를 부과함으로써 죄를 해소하는 규범구조를 갖고 있다. 여기서 제재는 타율적인 강제일 뿐이며, 따라서 인간은 타율적 존재로 남는다. 형법은 또한 임신중지를 선택할 수밖에 없었던 여성을 전과자로 낙인찍으며 죄책감과 수치심이 가득한 고립으로 몰아넣어 결국 태아와 여성 모두 보호받지 못하게 한다. 그러나 가톨릭의 낙태죄는 성찰과 참회를 통해 하느님과의 관계를 회복하도록 하는 '용서의 규범구조'를 갖고 있다. 용서를 통한 회복의 과정을 통해 하느님의 은총을 경험하도록 하는 것이다.

또한 타율적 강제성을 근간으로 하는 형법과 달리, 가톨릭에서 강조하는 용서와 회복은 불완전한 인간이 성화에 이르기 위해 노력하도록 격려한다. 이러한 과정에서 인간의 자율성은 필수적이다.[22] 이렇듯 교회의 '죄'가 형법상의 죄와 의미도, 적용범위도, 목적도 다르다면 임신중지를 '죄'로 규정하지 않는 다른 표현이 필요하지 않을까?[23] '간음'으로 율법을 어긴 뒤 홀로 죄를 뒤집어쓰고 율법학자들과 바리사이들에게 붙잡혀 끌려온 여성에게 예수는 "너희 가운데 죄 없는 자가 먼저 저 여자에게 돌을 던져라"라고 말했다(요한 8,7).

여성신학은 가톨릭여성에게 도움이 되는 재생산 담론을 구성하기 위해 '자궁으로만 대변되는 생물학적 여성'이나 '상황과 조건에 구애받지 않는 자유주의적 자아'를 넘어, 하느님의 은총에 언제나 열려있는 사회적 자아이자 성찰적 주체로 여성을 볼 수 있어야 한다. 여성을 임신중지로 내모는 사회적 억압의 구체성과 함께, 다양한 사회적 조건 속에서 원치 않는 임신을 하게 되어 고민하고 갈등하는 여성의 심리적 상태 또한 적극적으로 드러내야 한다. 자신이 처한 상황을 다른 이들과의 관계나 사회구조 속에서, 무엇보다도 하느님과의 관계 안에서 조망하며, 식별과 성찰과 책임을 다할 수 있는 존재로 여성을 이해해야 한다.

나는 교회와 페미니즘의 대화와 협력이 가능할 뿐 아니라 반드시 필요하다고 믿는다. 모든 시대 모든 사람을 위한 구원의 샘인 그리스도의 파스카 신비를 살아가는 교회는 태아의 생물학적 생명뿐만 아니라, 태아와 모성 모두의 생물학적 생명과 사회적 생명을 보호해야 할 의무가 있다. 또한 재생산과정에 참여하는 모든 이가 하느님의 은총을 경험하고, 혹 피치 못한 선택을 하게 되었다 해도 하느님의 무한한 용서와 자비를 경험하도록 안내해야 할 의무도 있다. 이러한 의무를 수행하려면 교회는 페미니즘과 함께해야 한다.

여성의 현실에 대한 이해를 높이고, 여성의 몸과 건강에 적극적인 관심을 기울이며, 위기임신 상담을 비롯해 성폭력 피해자를 돕고, 비/기혼모들을 지원하며, 젠더평등 관점으로 사회정책을 기획하는 과정에 참여해야 하며, 남성과 여성 모두를 위한 성교육 또한 제공해야 한다. 이 모든 일과 그 너머의 일을 위해 교회는 페미니즘과 협력하며 연대의 가능성을 찾아야 한다. 반목하고 대립하는 데 시간과 열정을 소비하기엔 교회가 보호해야 할 생명이 너무 많다.

더 생각해 볼 질문들

- 생명의 신성함을 강조하는 가톨릭교리와 재생산정의를 주장하는 페미니즘 사이의 간극을 메우려면 무엇부터 시작해야 할까? 또한, '태아의 생명권'과 '여성의 자기결정권'이 충돌할 때 각각의 중요성을 어떻게 평가할 수 있으며, 교회와 페미니즘은 어떤 공통의 기반을 통해 이 문제를 해결할 수 있을까?

- '사회적 생명'과 '생물학적 생명'이라는 이분법을 넘어, 가톨릭교리와 페미니즘의 문제의식을 통합하는 새로운 생명의 이해는 어떻게 가능한가? 교회와 페미니즘이 공통적으로 강조하는 '인간존엄성'을 통해 양측이 공유할 수 있는 새로운 윤리적·사회적 가치는 무엇이며, 이 가치가 한국 사회에서 어떻게 구현될 수 있을까?

- 한국 교회가 여성의 경험을 더 잘 반영하는 재생산권 담론을 형성하려면 어떤 변화가 필요할까? 재생산권 논쟁에서 여성의 목소리 부재는 어떤 결과를 낳으며, 종교적 가치와 여성의 실존적 경험을 아우르는 새로운 신학적 언어는 어떻게 만들어가야 할까? 여성신학이 임신중지 문제에서 '단순한 권리주장'이 아닌 '윤리적 식별'과 '관계성'을 중심으로 접근할 때 어떤 새로운 대화의 장을 열 수 있을까?

- 여성학과 페미니즘의 '재생산정의' 담론을 '가난한 이들을 위한 우선적 선택'을 강조하는 가톨릭 사회교리를 통해 성찰하면 어떨까? 어떤 인식의 변화를 가져올 수 있을까?

- 한국 사회의 결혼, 가족, 노동 구조가 만들어내는 젠더 불평등은 재생산권에 대한 가톨릭교회의 가르침과 어떤 긴장관계를 형성하는가? 또한, 저출성에 직면한 한국 사회에서 가톨릭교회의 재생산권 담론은 어떤 독특한 신학적·사회적 과제를 제기하는가?

- 임신중지에 대한 형법의 처벌적 접근과 가톨릭교회의 용서·화해 중심 접근의 차이점을 더 깊이 생각해 보자. 생명존중을 강조하는 가톨릭교회의 입장이 국가정책에 반영될 경우 잠재적인 문제점은 무엇일까?

- 교회는 생명존중의 원칙을 유지하면서도 재생산 위기에 처한 여성들을 지원하는 실천적 연대를 어떻게 구현할 수 있을까? 즉, 가톨릭신자로서 임신중지의 윤리적 딜레마를 겪는 여성을 위해 교회가 제공할 수 있는 자원은 무엇일까?

12장

'쇄신'과 '단절'의 기로에서
여성사제 서품

 "정말 후회 없겠어? 여성에게 사제직을 허가하지 않는 가부장적인 교회에서 여성신학자로 살아갈 수 있겠어?" 이미 20년도 넘은 일이지만, 내가 가톨릭신자가 되기로 결정했을 때 같이 공부하던 동료들이 우려 가득한 얼굴로 내게 던졌던 질문이다.
 그때 나는 "개신교라고 별반 다를까?" 하며 응수했고, 사실 예나 지금이나 여성이 사제나 목사가 될 수 있는지 여부가 교회의 가부장적 성격을 드러내는 단일한 척도라고 생각하지는 않는다. 개신교의 많은 여성 목사는 교회법에 따라

안수를 받았지만 교회 안에서 제도적·문화적 성차별을 겪으며 목회자로서 역할과 자격을 제한받고 있다. 여성목회자가 존재하지만 전반적인 평신도 여성지도력은 취약한 경우도 많다.

이렇듯 성차별은 모든 그리스도교회에 만연한 현상이며 모두가 함께 바꿔가야 할 공동의 과제이나, 여성에게 사제서품을 허락하지 않는 가톨릭교회가 과연 그리스도 안에서 모든 신자가 자신의 은사를 온전히 봉헌하며 하느님과 친교(koinonia)하는 평등 공동체의 모습인지는 질문해봐야 할 것이다.

여성사제 서품은 찬반여부를 결정하기 전에 생각해야 할 것이 많은 논의다. 여성사제직 추구를 '이단, 분열, 배교'로 간주하고 '중대한 죄악(delicta graviora)'의 목록에 포함한 교회지도자들의 입장을 재고해야 할 필요성이 크지만,[1] 여성사제직운동을 지속해온 그룹 안에서 서로 다른 견해를 드러내는 문제들, 특히 직무사제직과 여성의 역할에 대한 이해, 평신도 여성지도력과의 연관성 등은 서품의 찬반여부와 별개로 꼼꼼하게 살펴볼 필요가 있다. 그러나 여성과 젠더, 성(sexuality)에 대한 교회 내의 논의가 대부분 그렇듯 여성사제직에 대한 논의 또한 대화와 소통의 단절, 서로 다른 입장을 경청하지 않으려는 태도가 가장 큰 문제다. 이어지는 글에서는 여성사제직 논의와 함께 고려해야 할 것들을 짚어 보며 대화의 가능성을 찾아보려 한다. 어쩌면 이 글은 여성사제직을 반대하는 이들과 지지하는 이들 모두에게 불편하고 만족스럽지 않은 글이 될지도 모르겠다. 바로 그 불편한 지점에서부터 시작해 보자.

교회의 전통은 재고의 여지가 없는가?

여성사제직에 대한 교회의 입장은 일관적이며 견고할까? 가톨릭교회는 교회법 제1024조에 근거해 "세례 받은 남자만이 (거룩한) 서품을 받을 자격이 있다"고 규정한다.[2] 여성이 사제가 될 수 없다는 것을 발표한 가톨릭교회 최초의 공개성명은 교황청 신앙교리부가 1976년에 작성한 「여성 교역사제직 불허 선언(Inter Insigniores)」이며, 이는 교종 요한 바오로 2세의 1994년 교서 「남성에게만 유보된 사제서품에 관하여(Ordinatio Sacerdotalis)」를 통해 재천명되었다.

이들 문서에 명시된 교회의 여성사제직 불허 방침은 크게 세 가지 이유에 근거한다. 첫째, 그리스도교 역사와 전통 속에서 여성은 한번도 사제직에 참여한 적이 없다. 예수는 오직 남자들 가운데서만 사도들을 뽑았으며, 따라서 교회는 여성을 사제로 서품할 권한이 없다.[3] 둘째, 예수는 생물학적으로 남성이었으며, 따라서 여성사제는 성사적 상징(sacramental symbolism)에 위배된다. 즉 사제가 "그리스도를 대신하여(in persona Christi)" 설 수 있어야 신자들이 사제에게서 그리스도의 형상을 볼 수 있기에 그리스도의 남성성을 재현할 수 없는 여성은 사제가 될 수 없다.[4] 셋째, 여성에게는 여성에게 적합한 역할과 지위가 있으며, 여성이 성직자가 될 수 없다는 사실이 여성이 남성 아래에 있다는 것을 의미하지는 않는다.[5] 여성의 고유한 육체적 조건과 품성은 사제직에 적합하지 않지만, 다른 방식과 경로를 통해 교회에 봉사할 수 있다. 우선 이 세 주장이 일관성 있고 견고한 논리로 교회의 전통을 반영하는지 살펴보자.

첫째, 성서적 전거와 역사적 선례가 여성사제 서품을 반대하는 충분한 근거라는 주장은 이미 많은 신학자들이 반박했다. 신학자들은 예수가 선택한 '열두 제자'는 문자적 의미보다 이스라엘의 열두 지파를 대표하는 상징적 의미가 더 크다고 강조한다.[6] 예수가 남성만을 제자로 선택했다는 성서의 기록을 그가 살았던 사회적·문화적·역사적 맥락과 무관한 절대적 규범으로 받아들여서는 안된다는 뜻이다. 로마서 16장과 티모테오1서 3장은 여성과 남성 모두 교회의 지도자 역할을 수행했음을 보여주고 있으며, 여성이 부제로서 사제에 준하는 역할을 담당했다는 역사적 사례는 초대교회는 물론 중세교회에도 존재한다.[7]

성직자가 다른 신자들과 본질적(ontological)으로 구별되는 "성사의 인호"를 부여받는다는 인식이 자리 잡게 된 것은 12세기로, 이때부터 직무사제만이 성사를 집행할 고유 권한을 갖게 되었다.[8] 잘 알려지지 않았지만, 성서와 역사적 전거가 여성사제 서품을 불허하는 결정적 증거가 될 수 없다는 사실은 이미 교황청 내에서도 규명되었다. 「여성교역사제직 불허선언」이 나오기 직전, 바오로 6세는 여성사제에 대한 성서적 근거를 연구하려고 바티칸 차원의 성서위원회(Pontifical Biblical Commission)를 소집했다. 위원회의 결론은 "성경이 양측 모두에 대한 증거를 제공하므로 여성사제를 지지하거나 거부하는데 사용할 수 없다"는 것이었다.[9] 하지만 위원회의 결론은 선언문 공포과정에서 진지하게 받아들여지지 않았다.[10]

둘째, 여성사제직 불허에 관한 바티칸의 입장이 가장 심각한 비판을 받는 것은 예수의 생물학적 성과 관련된 성사적 상징주의 논쟁일 것이다. 신학자들은 예수의 생물학적 성에 교회가 과도한 의미를 부여한다고 지적한다. 예수가 남성이기에 남성만이 사제가 될 수 있다는 바티칸의 주장이 일관성을 가지려면, 생물학적 성 외에도 갈색 피부의 유다인이었던 예수의 인종적·문화적 조건들도 고려해야 한다.[11]

그러나 강생의 신비를 예수의 시대·문화·인종·성별과 같은 특수조건에 가두어 배타적으로 이해한다면, 강생을 통해 모든 인류와 생명체를 하느님께로 이끄신 그의 능력과 구원의 신비를 오히려 축소하는 것이다. 예수의 생물학적 성에 대한 집착은 또한 성체성사에 대한 가톨릭교회의 고백과도 어긋난다. 성사의 신비는 그리스도 예수의 살아있는 몸이 시공간을 뛰어넘어 신자들의 몸과 하나 된다는 가톨릭 고유의 믿음을 통해 의미를 얻는다. 영성체를 통해 그리스도는 신앙을 고백하는 모든 이와 차별 없이 하나가 되며, 그의 몸을 받아들이는 우리 또한 차별 없는 그의 사랑 속에 하나가 된다. 성체성사의 중심에 있는 그리스도의 몸은 생물학적·인종적 조건에 구애받지 않는다.

셋째, 바티칸이 강조하는 여성의 지위와 역할은 여성성과 남성성을 사회적으로 요구되는 특정 프레임에 가두고 규범화하는 시각에 머물러있다. 여성과 남성은 생물학적·유전적으로 타고난 특성 외에도 문화와 관습과 제도 등에 의해 여성과 남성으로 양육되며, 이러한 사회적 성(gender)은 시간과 장소에 따라 변화한다. 사회문화적으로 여성과 남성에게 부여된 역할을 일컫는 성역할(gender role)도 마찬가지다.[12]

여성사제직을 불허하는 바티칸의 논리는 남성성 혹은 여성성을 고정된 특성인 것처럼 이해하는, 즉 여성과 남성은 생물학적 성에 따라 각기 다른 소명을 가지고 있으며 추구해야 할 덕목도 다르다는 이분법적 사고에 기반한다. 순종하는 여성, 돌보고 인내하고 희생하는 모성으로 전형화한 마리아를 모든 여성이 따라야 할 모범으로 제시하는 성모신심도 바티칸의 편향적인 여성관을 거든다. 성서시대의 고대문화와 중세적 과학에 입각한 이러한 인식이 아직도 지속되는 이유는, 바티칸의 의사결정구조에 다양한 여성의 경험을 듣고 반영하고 식별할 통로가 없었던 까닭이다. 최근 여성부제직에 대한 논의가 활발해지고, 바티칸 내 주요위원으로 여성수도자와 여성신학자들이 선임되고 있다는 것은 긍정적인 변화지만, 아직 갈 길이 멀다.

여성사제 운동의 지향과 방향성, 점검해야 할 것은 없을까?

여성사제직운동은 바티칸의 여성사제 서품 불허 방침에 항거하여 여성사제의 존재를 교회가 정식으로 인정해줄 것을 요구하는 움직임으로, 2002년 6월 29일 다뉴브강에서 로물로 안토니오 브라스치Rómulo Antonio Braschi 주교와 페르디난트 레겔스베르거Ferdinand Regelsberger 주교가 여성 일곱 명을 로마가톨릭 사제직에 서품한 것을 계기로 널리 알려졌다. 교황청은 두 달 뒤인 2002년 8월 '다뉴브 7인'에게 파문령을 내렸으며, 여성부제직에 긍정적인 입장을 밝힌 프란치스코 교종조차 사제직에 관해서는 "문이 닫혔음"을 확인했다.[13] 그러나 현재 여성사제의 수는 전 세계적으로 수백 명에 달하며, 로마가톨릭 여성사제협회(Association of Roman Catholic Women Priests, ARCWP)는 여전히 활발하게 활동하고 있다.[14]

여성사제 운동의 지향과 현황을 살펴보기 전에 확실히 해 두어야 할 것이 있다. 여성사제들은 교회의 전통을 거부하거나 단절하기보다 교회에 남아 구습을 쇄신하려는 이들이며, 이들의 사목과 활동은 가톨릭신앙, 특히 제2차 바티칸공의회의 정신에 충실하다는 사실이다.[15] 공의회는 현대사회의 다양한 갈등과 충돌에 대해 신자 개개인이 자신의 '양심'을 통해 성찰할 의무가 있다고 가르쳤으며,[16] 교회가 단순히 로마를 중심으로 한 제도교회가 아니라 "하느님의 백성으로서의 교회"임을 역설했다.[17] 여성사제들은 여성을 배제하는 교회의 가부장성에 저항하는 것은 '양심'의 소리에 따라야 할 그리스도인의 의무이며, '하느님의 백성'인 전체 교회의 요구라고 주장한다.[18] 그러므로 여성사제직운동을 단순히 세속운동, 혹은 분리주의운동이라 치부할 수는 없다. 비록 교회가 인정하지 않지만 여성사제들은 전통에 대한 다른 해석을 제시하며 개혁을 도모하고, 모든 신자들이 평등하게 하느님과 친교하는 교회를 추구하는 신앙인들이다.

이런 대전제로는 일관성 있는 여성사제직운동이지만 운동 내부에는 의견의 차이를 보이는 다양한 문제가 있다. 그 중 세 가지를 살펴보자.

첫째, 여성사제직운동에서 가장 논쟁이 되는 것은 '사도적 계승(Apostolic Succession)'에 입각한 직무사제직 추구다.[19] 여성사제들은 자신들의 지향을 "성령과 공동체의 부름을 받아, 여성들이 정의와 복음에 뿌리를 둔 새로운 사제직을 수행할 수 있도록 준비하고, 사도적 계승으로 서품하며, 그들을 지원하는 것"이라 규정한다.[20] 많은 여성신학자들은 여성사제들과 평등한 교회를 위한 비전을 공유하면서도, "여성사제들이 사제의 권력을 제한하고 로마가톨릭교회를 하느님의 백성에게 돌려주고 싶다면 왜 가부장적 전통에 입각한 사도적 계승과 직무사제직을 고집하는가" 질문한다.[21] 여성사제들은 이에 대한 답변으로 전통을 개혁하고 신자들과 소통하려면 사도적 계승을 인정받아야 한다고 주장하지만, 직무사제직이 일종의 권력이자 권위로 변질된 현실에서 충분한 비판 없이 사도적 계승을 고집한다면 여성사제직운동은 단순히 남성과 동등한 권력분배를 주장하는 여권신장운동으로 비칠 가능성이 있다.

물론 정당한 권리를 주장하는 것은 하느님이 우리 모두에게 주신 인간의 존엄성을 스스로 보호하는 것이기에 함부로 비판할 수 없다. 그러나 여성사제직운동이 '정의와 복음에 뿌리를 둔 새로운 사제직'을 추구하려면 운동을 둘러싼 내외부의 시선들을 점검해 사도적 계승에 운동의 방점을 두기보다 직무사제직에 대한 개념 자체를 바로잡는 데 우선순위를 두어야 할 것이다.

이는 물론 여성사제들에게만 요구되는 과제는 아니다. 요한 바오로 2세는 「사제의 생활과 교역에 관한 교령(사제품)」을 통해 사제의 직무는 다른 직무들보다 우월하지 않고, 온전히 그리스도의 지체들의 거룩함에 예속된다고 강조했지만,[22] 오늘날 직무사제직은 사제가 평신도보다 위에 있는 위계적 질서 속에 있다. 신학교 교육은 이와 더불어 폐쇄적이고 권위적인 성직자 문화를 양산하며, 본당에는 소수의 권력자를 중심으로 교회가 유지되는 엘리트주의가 만연하다. '성직자주의'로 불리는 구조적 문제만 탓할 것이 아니다. 평신도들의 순응과 공조도 문제다. 이러한 위계질서를 그대로 둔 채 진행된다면, 여성사제직운동은 또 하나의 특권층을 낳는 결과를 낳고 말 것이다.

둘째, 여성의 자질과 역할에 대한 인식 또한 검토되어야 한다. 여성사제들은 교회에서 여성사제가 필요한 이유를 강조하며 종종 남성과 여성의 성역할을 생물학적으로 구분하는 바티칸의 인식을 답습한다. 배려·양육·생명나눔·사랑·공감능력 등 고정관념을 통해 굳어진 여성의 자질을 강조하며, 이러한 자질이 남성성직자들의 자질과 균형을 이루어 상보적 역할을 하거나 혹은 더 나은 역할을 하리라는 것이다. 위에서 언급했듯이, 이러한 자질은 여성들의 전유물이 아니다.[23] 여성의 특성을 본질화하는 논리는 결국 교회에서 남성우월주의를 강화하고 여성의 역할을 제한하고 축소하는 결과로 이어질 것이다. 여성사제들에게서 기대할 수 있는 사목자의 모습은 여성이라는 생물학적 특성에서 비롯되는 것이 아니라, 억압과 배제의 경험에서 얻어진 소외된 이들에 대한 감수성에서 비롯되는 것이다. 이러한 경험이 사목에 반영되려면 꾸준한 식별과 성찰이 필요하다. 성직자 포함 모든 신자들에게 요구되는 덕목이다.

셋째, 여성사제직운동이 가톨릭 여성신자들의 바람과 기대를 얼마나 반영하는지도 질문해야 한다. 사제서품이 여성들을 교회의 온전한 지체로 살게 하는 유일한 조건은 아니며, 여성사제의 존재가 평신도 여성의 역할과 지도력을 보장하지도 않는다. 여성사제에 관한 민감한 논의에 가려, 평신도 여성이 할 수 있는 봉사와 직무를 제한하는 교회 안의 권력과 배제의 관행을 개선하는 일이 부차적인 일로 간주되어서는 안된다. 이는 여성사제직운동과 따로 또 같이 평신도와 수도자와 성직자가 시노달리타스의 여정을 통해 함께 만들어가야 할 지난한 과제다.[24] 또한 현재 여성사제직운동이 북미와 유럽에 국한돼있으며 대부분 여성사제는 고등교육을 받은 백인여성이라는 사실도 간과해서는 안된다. 여성사제직운동이 백인중심의 엘리트운동을 벗어나 아시아와 아프리카를 포함한 전 세계의 여성신자들, 또한 여성과 남성의 양성구도에서 소외되는 성소수자 신자들의 의견과 경험을 반영하는 운동이 되려면 무엇이 필요할지도 고민해야 한다.

위와 같은 '문제점'들이 여성사제직운동의 한계로 지적되기보다는 더 깊은 대화와 성찰로 이어졌으면 하는 것이 나의 바람이다. 이십여 년 전 동료들의 우려에도 불구하고, 나는 가톨릭교회를 내 신앙공동체로 선택했고 후회는 없다. 그러나 일치를 지향하는 보편교회, 그리스도의 몸과 피로 하나 되는 성사적 교회로서 내가 사랑하는 가톨릭교회는 완성형이 아니라 언제나 여정 속에 존재하는 진행형이다. 그리고 내게 '일치'와 '하나 됨'이란 가톨릭교회의 일원이 되려는 모든 이가 그 안에서 평등하게 살아갈 수 있어야 한다는 종말론적 비전이다.

그 종말론적 비전의 중심에는 "굶주리고 목마르고 헐벗고 병들고 갇힌 자"(마태 25,35~36)를 섬기려고 종의 모습을 취해 세상에 오신 그리스도 예수가 있다(필리 2,7). 사도적 계승의 참 의미는 그리스도가 몸소 보여주셨듯 모든 이들을 섬기는 가장 낮은 자리에 있어야 한다는 사명이다.[25]

가난한 이들의 복음화를 위한 가난한 사목자 양성을 목표로 하는 프라드회를 창설한 복자 앙트완느 슈브리에 Antoine Chevrier(1825~1879) 신부는 "강생 안에 가난하고, 구원을 위해 십자가에 못 박히고, 성체 안에 먹히는 분으로 계시는" 그리스도를 사제의 모범으로 삼았다. 슈브리에 신부에게 사제란 "헐벗고, 못 박히고, 먹히는 사람"이었다.[26] 직무사제직이 성직인 이유는 평신도들과 구별되어 우월하다거나, 교회를 다스릴 권력을 가지고 있어서가 아닐 것이다. 가난한 그리스도의 도구로서 그리스도의 '대리'로 행동하며 그리스도를 닮기 위해 평생을 살아가야 하는 직무인 까닭일 터이다.[27]

남성이나 여성이나 사제가 되기를 원한다면 "그리스도를 대신하여"의 의미는 바로 이러한 사명에서 찾아야 할 것이다.

더 생각해 볼 질문들

- 가톨릭교회는 예수가 남성사도들을 선택한 것을 직무사제직을 남성으로 제한하는 근거로 삼는다. 예수가 살았던 사회적·문화적·역사적 맥락을 고려할 때 이 논리는 얼마나 타당한가? '성사적 상징'이라는 개념은 그리스도 강생의 보편성과 성체성사의 의미를 어떻게 제한하거나 확장할까?

- 가톨릭교회의 시노달리타스가 지향하는 '함께 걷기'의 여정에서 성별권력구조를 어떻게 재고할 수 있을까? 본당공동체에서 여성신자들의 목소리가 의사결정과정에 실질적으로 반영되려면 어떤 구체적 변화가 필요할까? 여성지도력에 대한 가톨릭교회의 입장은 평등과 정의에 대한 교회의 인식에 어떤 영향을 미치는가? 이러한 입장이 한국 사회의 여성에 대한 전반적 인식에 어떤 영향을 줄 수 있을까?

- 남성사제만이 그리스도를 상징적으로 재현한다는 교리는 교회의 신학과 신자들의 예배 경험에 어떤 영향을 미칠까? '여성성'과 '남성성'이라는 이분법적 구분은 교회 내 봉사와 성소를 이해하는 데 어떤 영향을 미치고 있을까? 이러한 논의가 교회공동체에서 소외된 개인과 집단을 포용하는 데 어떤 영향을 미칠 수 있을까?

- 교회의 전통적인 교리가 포용성과 평등, 인간존엄성에 대한 찬임과 갈등을 일으킬 때, 여성신학은 어떤 역할을 할 수 있을까? 이러한 갈등 조정과 화해를 극복한 다른 종교의 예가 있을까? 한국 개신교의 여성목회자 경험은 가톨릭 교회의 여성사제직 논의에 어떤 통찰과 한계를 제시할까?

- 여성사제직운등이 단순히 직무사제직을 통한 권한 획득을 넘어 교회 문화의 본질적 변화를 추구하려면 어떤 방향성이 필요할까?

- 서구 중심의 여성사제직 담론이 한국을 포함한 아시아 교회의 현실과 조우할 때 어떤 문화적·신학적 과제들이 제기될까? 여성사제직운동의 한계를 고려한다면 교회는 아시아, 아프리카, 그리그 원주민 공동체를 포함한 다양한 배경의 여성의 요구와 관점을 어떻게 반영할 수 있을까? 이 논의에 한국의 상황이 기여할 수 있는 점은 무엇일까?

주

1부 대화의 시작

1장 '한국형' 페미니즘과 반反페미니즘

1. 현대경제연구원 「청년층 경제 활동 제약의 5대 특징과 시사점」, 안선희 〈다섯 가지 경제적 고통'에 시달리는 한국 청년들〉, 《한겨레》 (2018.2.18)
2. 미러링mirroring: 상대방의 폭력적인 언어와 행위, 특히 여성혐오적인 언어나 행동을 반대로 뒤집어 보여줌으로써 문제를 선명하게 드러내기 위한 페미니스트 전략.
3. 강한들, 김혜리 〈'집게손 모양'은 다 남성혐오? 누구를 위한 논쟁인가〉, 《경향신문》(2021.5.4)
4. 김경희, 마경희 「새로운 세대의 의식과 태도: 2030세대 젠더 및 사회 의식 조사 결과」(대통령직속 정책기획위원회 전국청년정책네트워크, 2019)
5. '젠더갈등'이 아니라 성차별을 문제의 핵심으로 봐야 한다는 의견에 대해서는 여성학자 경희진의 칼럼 〈'젠더갈등'이 아니라 성차별이다〉, 《경향신문》(2021.11.24)
6. 〈한국 성평등 인식 10년 새 최악 됐다는 유엔 보고서〉, 《경향신문》(2023.5.13)
7. 한상봉 〈여성사제, 여전히 남은 숙제〉, 《가톨릭일꾼》(2018.12.3)
8. 교황 프란치스코·아브라함 스코르카, 강신규 옮김 『교황 프란치스코의 천국과 지상』(율리시스, 2014) p.148~154

2장 온전함을 추구하는 건강한 도전

1. 교종 요한 바오로 2세 권고 「현대의 교리교육(Catechesi tradendae)」 3장 18항
2. 국제신학위원회 「오늘의 신학: 전망, 원칙, 기준(Theology Today: Perspectives, Principles and Criteria)」 1장 5절
3. Yves Congar 『The Meaning of the Tradition』(Ignatius Press, 2004) 서문 중.
4. Giovanna Borradori 『Philosophy in a Time of Terror: Dialogue with Jürgen Habermas and Derrida』(University of Chicago Press, 2013) p.41
5. 정희진 『페미니즘의 도전』(교양인, 2005) p.81

2부 여성신학을 통해 읽는 성경과 교리
3장 성경은 폭력과 차별을 가르치는가

1. 여성혐오에 기반한 살해, 여성이라는 이유로 남성에게 살해당하는 것을 의미한다. 페미사이드는 마녀 화형에서부터 사티Sati(순장 혹은 순사의 일종으로 남편이 죽어 시체를 화장할 때 아내가 산 채로 불 속에 뛰어들어 남편의 시체와 함께 불타 죽는 악습), 강간, 여아 살해 등 역사 속에서 항상 존재해왔다. 이 단어는 1976년 벨기에 브뤼셀에서 열린 제1차 여성대상범죄 국제재판에서 최초로 사용되었다. 다이에나 E. 러셀 & 질 레드퍼드 엮음, 전경훈 옮김 『페미사이드: 여성혐오 살해의 모든 것』(책세상, 2021)

2. 이미경 「반 성폭력 법제화 운동의 성과와 과제: 성폭력특별법을 중심으로」(한국성폭력상담소 엮음), 『성폭력, 법정에 서다: 여성의 시각에서 본 법담론』(푸른사상, 2007) p.24~27 이영미 〈성서가 들려주는 성폭력, 새롭게 읽기: 디나 이야기(창세기34장)〉, 《신학연구》통권 74호, p.13~38

3. 도재기 〈결국 터진 성직자 성폭력, '올 것이 왔다' 떨고 있는 종교계〉, 《경향신문》(2018.2.25.)

4. 〈프란치스코 교황, "성직자들, 수녀들에게 성범죄 저질렀다"〉, 《BBC뉴스코리아》(2019.2.6.)

5. Asanders 〈LCWR Statement on the Sexual Abuse of Sisters by Clergy〉, 《LCWR》(2019.2.7.)

6. 한국성폭력 상담소 〈성문화와 성폭력〉

7. 최순양 〈교회, 성폭력 피해에 왜 취약한가?〉, 《아무에게도 말하지 못했다: '교회 성폭력의 현실과 과제' 포럼》(교회개혁실천연대, 2015.5.29) 자료집 p.17

8. 이영미 『성서가 들려주는 성폭력, 새롭게 읽기: 디나 이야기(창세기 34장)』 p.32

9. 박신영 〈젠더살롱: 가해자에겐 미래가 있고, 피해자에겐 과거가 있다니요?〉, 《한국일보》(2022.7.23.)

10. 형사취수兄死娶嫂 또는 취수혼娶嫂婚은 형이 죽은 뒤에 동생이 형수와 결혼해 함께 사는 혼인제도를 말한다.

11. Susanne Sholz 「Judges」 『Women's Bible Commentary』 3rd edition, ed. Carol A. Newsom, Sharon H. Ringe, and Jacqueline E. Lapsley(Westminster John Knox, 2012) p.120

12. 엘리자베스 쉬슬러 피오렌자Elisabeth Schüssler Fiorenza나 캐롤 마이어스Carol Myers 같은 성서학자는 가부장제라는 단어가 성서의 복합적인 억압 이데올로기를 표현하기에는 너무 협소한 개념이라 지적하고 위계와 종속을 강조하는 '주인중심제(kyriarchy)' 혹은 '헤테라키(heterarchy)'라는 용어를 채택하기도 했다. Elisabeth

	Schüssler Fiorenza 『Wisdom Ways: Introducing Feminist Biblical Interpretation』(Orbis Books, 2001) p.118, Carol Myers, 〈Was Ancient Israel a Patriarchal Society?〉, 《Journal of Biblical Literature》 Vol.133, no.1(2014) p.27
13	이영미 〈하나님은 어디에: 감추어진 위로자 하나님을 향한 교회의 탄원(구약성서를 통해 본 여성과 성폭력 08)〉, 《기독교사상》 758호 (2022.2)
14	여성주의 구약성서 해석의 동향에 관한 짧은 글로 유연희 〈여성주의 구약성서 해석의 최근 동향〉, 《한국여성신학》 55호(한국여신학자협의회, 2004) p.122~127
15	송민원 〈하나님의 여성성을 나타내는 '라함'에 대한 묵상, 그리고 시편 18:2[1]의 새로운 해석 제안〉, 《일점일획》(2021.8.25)
16	트리블의 이러한 관점은 최만자 옮김 『성서에 나타난 여성의 희생』(전망사, 1939), 유연희 옮김 『하나님과 성의 수사학』(태초, 1996)에 잘 드러나 있다.
17	필리스 트리블, 정현경 옮김 〈성서와 여성신학적 해석〉, 《한국여성신학》 창간호(한국여성신학자협의회, 1990) p.36~44
18	Kathleen M. Sands 『Tragedy, Theology, and Feminism in the Time after Time』, 『New Literature History 34』(2004) p.41, L. 줄리아나 M. 클라센스, 정혜진 옮김 『여성, 존엄을 외치다: 구약성경에 나타난 여성의 저항』(분도출판사, 2021) p.169~171
19	필리스 트리블, 최만자 옮김 『성서에 나타난 여성의 희생』(전망사, 1989) p.15~17

4장 가톨릭교회와 여성지도력

1	주교시노드는 세계 각국의 주교들이 바티칸에 모여 다양한 문제를 논의하고 결정하는 기구다. 주교들은 안건에 대해 투표한 후 결과를 교종에게 제출하며, 교종은 이를 고려해 입장을 정리한다. 그간 주교시노드의 투표에 참여할 자격은 남성에 한정되었다. 2023년 4월의 결정에 따라, 앞으로는 수녀 5명이 주교시노드에서 투표권을 행사하게 되었다. 프란치스코 교종은 또한 주교가 아닌 이들 중에서도 각 지역에서 추천한 70명을 회의 구성원으로 임명하고 이중 절반은 여성으로 채우라고 지시했다. 이들 역시 투표권을 갖게 된다.
2	Lauren Barbato 〈Vatican grants women a voice: Finally〉, 《Call to Action》 (2023.4.26)
3	유형선 〈한국 천주교회는 여성의 얼굴을 하지 않았다〉, 《가톨릭뉴스 지금여기》 (2022.11.28.)
4	「2021년 의정부교구 여성신자에 관한 실태 및 의식조사」에서 63.6퍼센트의 여성신자가 '교회 운영이나 의사결정구조에 여성신자들의 의견이 잘 전달되고 반영되고 있다'에 동의하지 않았다. 문미정 〈천주교 여성신자들은 사회와 교회를 어떻게 바라보나〉, 《가톨릭프레스》

	(2021.11.25.)
5	Joanna Kadi 「Speaking (About) Silence」, 『Sing, Whisper, Shout, Pray! Feminist Visions for a Just World』 ed. M. Jacqui Alexander, Lisa Albrecht, Sharon Day, and Mab Segrest(Edgework Press, 2002) p.539~545
6	Elisabeth S. Fiorenza『Wisdom Ways: Introducing Feminist Biblical Interpretation』(Orbis Press, 2001) p.165~189
7	'디아코논diakonon'은 '디아코노스diakonos'의 여성목적격이다.

5장 역설과 재전유를 통한 해방의 메시지

1	Rosemary Radford Ruether 『To change the World: Christology and Cultural Criticism』(Crossroad, 1981) p.45~56
2	여성신학은 혁명적(Revolutionary), 개혁적(Reformist), 재구성적(Reconstructionist) 세 가지 입장으로 나뉘기도 하는데, '개혁적' 입장은 여성과 남성의 차이를 인정하고 각자의 장점을 살려 상호보완하며 교회에 봉사해야 한다는 입장이고, '재구성적' 입장이 이 글에서 설명하는 '개혁적' 입장을 대변한다. Anne M. Clifford 『Introducing Feminist Theology』(Orbis Books, 2000)
3	혁명적 여성신학은 급진 페미니즘(Radical feminism)의 영향을 받았다. 이 입장에 서는 학자들은 주로 교회와 화해가 불가능하다고 판단하고 성평등, 여성중심의 종교를 주창한다. 대표적인 학자는 『Beyond God the Father』(1973)를 저술한 메리 데일리Mary Daly다. 개혁적 입장을 대표하는 가톨릭 여성신학자 1세대는 로즈마리 류터Rosemary R. Ruether, 엘리자베스 피오렌자Elisabeth S. Fiorenza, 엘리자베스 존슨Elisabeth Johnson, 앤 카Anne Carr, 마가렛 팔리Margaret Farley 등이다.
4	구미정 〈너희는 나를 누구라 하느냐?: 한국여성의 몸으로 다시 쓰는 기독론〉, 《신학논단》 제68집(2012)
5	탈출기는 이스라엘 민족 전체를 '하느님의 아들'로 표현하며 이외에도 왕, 천사, 경건한 이들을 일컫는 표현으로 자주 사용했다. Maxine Grossman and Adele Berlin 『The Oxford Dictionary of the Jewish Religion』(Oxford University Press, 2011) p.698
6	Rosemary Radford Ruether 『To change the World』 p.45
7	Rosemary Radford Ruether 『Sexism and God-Talk: Toward a Feminist Theology』(Beacon Press, 1983), 『Women and Redemption: A Theological History』(Fortress Press, 1998)
8	Elisabeth Schüssler Fiorenza 『In Memory of Her: A Feminist Theological Reconstruction of Christian Origins』(Crossroad, 1983), Fiorenza 『But She Said: Feminist Practices of Biblical Interpretation』(Beacon Press, 1992)
9	2차 바티칸공의회는 여성들과 함께한 공의회가 아니었기에 여성들의 목

	소리오- 경험이 반영될 통로가 없었다. 제3회기 때 (1964년 9월) 비로소 여성들에게 방청인(Auditorinnen)의 자격을 허가했다.
10	서명옥 〈인간의 실존과 계시: 제2차 바티칸공의회 신학을 바탕으로〉, 《신학전망》 176호 (2012)
11	서명옥 〈제2차 바티칸공의회 신학 안에 여성적 관점이 있는가?: 공의회 그리스도론 안의 페미니즘과 휴머니즘의 상보성〉, 《신학전망》 214호 (2021)
12	Jacquelyn Grant 『White Women's Christ and Black Women's Jesus: Feminist Christology and Womanist Response』(Scholars Press, 1989) p.63-90
13	전통 또한 예수를 남성으로 규정했지만, 이 글에서는 성서적 근거에 더 집중한다. 전통은 복음에 종속되었다는 것이 제2차 바티칸공의회의 공식적 입장이다. 공의회는 성전聖傳은 계시의 계속적 전달의 한 형태이지 계시 자체가 아니라는 것, 또한 성전은 계시로 평가되며 계시에 따라 또한 수정될 수 있다는 것을 분명히 한다. 「계시헌장」 9항 참조.
14	하이데거(Martin Heidegger), 딜타이(Wilhelm Dilthey), 가다머(Hans-Georg Gadamer)는 해석학적 순환을 인간 삶, 경험과 존재방식 속에 놓으며 의미를 확장한다. 여성신학과 해방신학적 방법론은 딜타이와 가다머의 해석학에 많은 영향을 받았다.
15	예수의 족보에 등장하는 여성들은 타마르(창세 38장), 라합(여호 2장), 룻(룻기), 밧세바(2사무 11-12)와 마리아다. Samuel B. Hakh 〈Women in the Genealogy of Matthew〉, 《Exchange 43(2)》 (2014) p.109~118
16	Rita N. Brock 『Journeys by Heart: A Christology of Erotic Power』 (Crossroad, 1988) p.53
17	Ibid., p.52
18	Ibid., p.26
19	Ibid., p.105
20	은유의 특징은 문자주의적 접근에 거리를 둔다는 것이다. 하느님은 결코 인간의 언어로 포착할 수 없다. 그러기에 우리가 하느님을 표현할 수 있는 최선의 방법은 은유다. 은유는 항상 '그것'인 동시에 '그것이 아니다(It is, but it is not.)'라는 전제를 포함하기 때문이다.
21	샐리 맥페이그, 김준우 옮김 『기후변화와 신학의 재구성』(기독교출판사, 2008), 장윤재 옮김 『풍성한 삶』(이대출판부, 2008), 정애성 옮김 『은유신학: 종교언어와 하느님 모델』(다산글방, 2001)
22	McFague 『The Body of God: An Ecological Theology』(Fortress Press, 1993) p.180~182 여기서 세상을 하느님의 몸으로 보는 '은유'는 하느님을 세상과 동일시한다는 의미가 아니라, 하느님과 세상의 관계를 이해하기 위한 도구다.
23	McFague 『New Climate for Theology: God, the World and Global Warming』(Fortress Press, 2021) p.33
24	Ibid., 서문

| 25 | 이정배 〈자연은 초월의 빛이다: S. 맥페이그의 성육신적 생태신학〉, 《신학과 철학》 제14호(서강대학교 신학연구소, 2009) p.79~111 |

6장 내어주고 나누는 삶을 향한 부름

1	기원후 약 100년부터 칼케돈공의회가 마무리된 451년경의 시기를 '교부시기'로 정의한다. 이 시기에는 정경의 범위, 그리스도의 신성과 인성, 삼위일체 교리, 교회의 본성, 은총과 자유의지 같은 그리스도교의 중심 교리가 논의되었다.
2	'보호자'는 그리스어 '파라클레토스parakletos'를 번역한 말로(주교회의 성경), '은혜로 돕는 스승'이란 뜻이다. "그리고 내가 아버지께 청하면, 아버지께서는 다른 보호자를 너희에게 보내시어, 영원히 너희와 함께 있도록 하실 것이다."(요한14:26) 표준새번역을 비롯한 개신교 성경에서는 '보혜사保惠師'로, 공동번역성서에서는 '협조자'로 번역했다.
3	Catherine M. LaCugna 『God for Us: The Trinity and Christian Life』(Harper SanFrancisco, 1973) p.21~52
4	아리우스Arius는 초기 그리스도교 시대에 활동한 이집트 알렉산드리아의 성직자이자 신학자이다.
5	LaCugna 『God For Us』 p.81~111
6	Ibid., p.81~111
7	Ibid., p.9~10, 81~109
8	Karl Rahner, trans. Joseph Donceel 『The Trinity』(Herder & Herder, 1970), Jürgen Moltmann, trans. Margaret Kohl 『The Trinity and the Kingdom: The Doctrine of God』(Fortress Press, 1993) p.10~20, Leonardo Boff, trans. Phillip Berryman 『Holy Trinity, Perfect Community』(Orbis Books, 2000) p.14~15
9	현대신학에서는 '내재적'과 '경륜적'이라는 말 대신에 '존재론적'이라는 용어와 '사회적'이라는 용어를 사용하기도 한다. 박상언 〈사회적 삼위일체론이 현대 삼위일체론의 실천적 의미에 끼친 영향〉, 《신학논단》 제69집
10	Karl Rahner 『The Trinity』 p.21~24 신학자들은 이런 주장을 '라너의 규정'이라고 부른다.
11	Karl Rahner, trans. Fergus Kerr 〈Theological Investigations〉 vol.1(Helicon Press, 1950) p.310~
12	김명용 〈몰트만(J. Moltmann)의 삼위일체론〉, 《장신논단》 제17집 p.114
13	위르겐 몰트만, 이신건 옮김 『삼위일체와 하나님의 역사』(대한기독교서회, 1998) p.16~17
14	Moltmann 『The Trinity and the Kingdom(1993)』 viii.34, 계재광 〈관계적 삼위일체론에서 본 신앙인과 교회의 비전에 대한 연구〉, 《한국기독교신학논총》 제102집(2016.10) p.178
15	LaCugna 『God For Us』 p.1&379

16	Elisabeth A. Johnson 『She Who Is: The Mystery of God in Feminist Theological Discourse』(The Crossroad Publishing Company, 2002), Sallie McFague 『Models of God』(Fortress Press, 1987), Ruth 『Duck Gender and the Name of God: The Trinitarian Baptismal Formula』(Pilgrim Press, 1991)
17	캐서린 모리 라쿠나 『우리를 위한 하나님: 삼위일체와 그리스도인의 삶』 (대한기독교서회, 2008) p.325~326
18	김정숙 〈캐서린 모리 라쿠나의 '우리를 위한 하나님': 삼위일체 신학의 실천적 의미〉, 《기독교사상》 599호(2008.11) p.164
19	캐서린 모리 라쿠나 『우리를 위한 하나님』 p.243~246
20	Stanley J. Grenz 『The Social God and the Relational Self: A Trinitarian Theology of the Imago Dei』(Westminster John Knox Press, 2001) p.142
21	John D. Zizioulas 『Being as Communion: Studies in Personhood and the Church』(St. Vladimir's Seminary Press, 1985) p.41
22	Grenz 『The Social God and the Relational Self』 p.305
23	LaCugna 『God For Us』 p.347

7장 몸으로 살아가는 교회

1	문제가 된 책은 교황 무류성을 비판한 『무류성(Unfehlbar? Eine Anfrage)』이다. 교황 무류성은 교황이 교회 최고 목자이자 스승 자격으로, 신앙이나 도덕에 관해 지켜야 할 교리를 선언할 때 그 가르침에 오류가 없다는 주장으로, 1870년 제1차 바티칸공의회에서 선포된 신앙교리다. 큉은 이외에도 에큐메니즘, 과학과 종교, 문학, 윤리 등 다양한 주제를 다루는 많은 저서를 남겼으며, 여성사제 서품, 피임, 임신중지, 이혼 등 생명과 가정의 문제, 성소수자 문제에도 바티칸과 다른 입장을 취했다. 큉은 바티칸의 제재 이후에도 튀빙겐대학의 교수직을 유지했다.
2	가톨릭평화신문에 의하면, 큉은 2016년 3월, 〈교황과 주교단의 무류성에 관한 공정하면서도 공개적인 토론의 허락을 바라는 긴급 호소〉라는 제목으로 바티칸을 향한 공개서한을 띄웠고, 이에 대해 프란치스코 교황으로부터 "교황 무류성 토론을 제한하지 않겠다"는 개인적인 답변을 받았다고 한다. 〈교황 무류성 토론에 제한을 두지 않겠다〉, 《가톨릭평화신문》(2016.5.4)
3	교종 요한바오로 2세의 회칙 『교회와 성체(Ecclesia de Eucharistia)』 26항에 등장하는 이 구절은 앙리 드 뤼박의 저서에서 유래하였다. Henri de Lubac 『The Eucharist builds the church, and the church makes the Eucharist』, 『The Splendor of the Church』(Ignatius Press, 1986) p.134, 뤼박은 이 주제를 『Corpus Mysticum: L'Eucharistie et l'eglise au Moyen-Age』(1944)에서 더욱 발전시킨다.
4	성 아우구스티노St. Augustine, 『부활절설교』 227 "우리가 성체성사를

	합당하게 받을 때, 우리는 우리가 받은 것이 됩니다.(If we receive the Eucharist worthily, we become what we receive.)"
5	공의회는 본래 평신도만을 대상으로 작성되었던 '하느님백성' 항목에 교회의 교계제도와 주교직(3장), 평신도(4장), 수도자(6장)를 포함해 다룬다. 이제민 〈수엔네스 추기경과 제2차 바티칸공의회의 사목적 전체윤곽〉, 《신학전망》88호(광주가톨릭대학 전망편집부, 1990) p.60~63조규만 〈제2차 바티칸 공의회의 교회론에 관한 고찰 -「교회에 관한 교위 헌장」 (Lumen Gentium)을 중심으로〉《가톨릭 신학과 사상》Vol. 50, 2004 참고.
6	「사목헌장」 11
7	「사목헌장」 3, 4, 11
8	이제민 〈제2차 바티칸공의회와 사목현장 반성〉, 《신학전망》 91호(광주가톨릭대학 전망편집부, 1991) p.53
9	버나드 쿠크, 이순성 옮김 『성사와 성사성』(광주가톨릭대학전망편집부, 1991)
10	「교회헌장」 1, 9, 48, 「전례헌장」 2, 5, 20, 「사목헌장」 48
11	성체성사 교리의 바탕이 된 신약성서 구절 중, 요한복음 6장에 등장하는 예수의 '몸'은 사륵스로, 마태오(26;26, 14;22), 루카(22;19), 코린토1서(10;16)의 '몸'은 소마로 표현되었다.
12	소마에 대한 해석은 불트만의 바오로 신학해석을 따른다. Bultmann 『Theology』 p.192, H. 콘젤만, 김철손·박창환·안병무 공역 『신약성서신학』(한국신학연구소, 1982) p.207
13	David Grumett 『Material Eucharist』(Oxford University Press, 2016) p.165
14	공관복음과 바오로서간에 등장하는 '소마'는 따로 분석이 필요하지만 이 글에서는 다루지 않겠다. 다만, 바오로는 소마라는 단어를 선호하지만 사륵스와의 연관성을 부정하지 않는다는 점을 밝혀둔다. 영(Pneuma)과 육(sarx) 사이에 놓여있는 인간의 중립성을 강조하려고 '소마'라는 단어를 선호했던 것으로 보인다. 실제로 바오로의 소마는 수식어와 함께 사용되어 죽음의 몸, 죽을 몸, 육의 몸, 낮은 몸 등 사륵스의 특성을 갖고 있는 것으로 표현된다.
15	안티오키아의 이냐시오(Ignatius of Antioch), 알렉산드리아의 치릴로(Cyril of Alexandria), 닛사의 그레고리오(Gregory of Nyssa)를 포함한다.
16	Gregory of Nyssa 「Address on Religious Instruction」 trans. Cyril C. Richardson and ed. Edward R. Hardy 『Christology of Late Fathers』(Westminster John Knox, 1954)
17	Augustine, trans. Edmund Hill, O.P. and edit. John E. Rotelle, O.S.A. 『The Works of Saint Augustine: Sermons』 Sermon 227(New City Press) p.254~256
18	샐리 맥페이그, 정애성 옮김 『은유신학』(다산글방, 1982), 『The Body of God: An Ecological Theology』(Fortress Press, 1993)
19	이충범 『중세 신비주의와 여성: 주체, 억압, 저항, 그리고 전복』(동연출판

	사, 2011) Caroline Walker Bynum『Holy Feast and Holy Fast: The Religious Significance of Food to Medieval Women』(University of California Press, 1988)
20	채수자 〈'자본주의적 가부장제'에 저항하는 여성신학적 교회〉,《한국여성신학》85(한국여신학자협의회, 2017) p.156~157
21	교종 프란치스코 2017년 사제서품식 강론〈사제는 주인 아닌 섬기는 종입니다〉,《가톨릭일꾼》(2017.5.9.)
22	여성신학자 엘리자베스 쉬슬러 피오렌자가 주장하듯, 예수 운동으로서 바실레이아(하느님 나라) 공동체는 성, 인종, 사회적 계층을 뛰어넘어 모든 사람들의 평등성을 인정하고 소외된 이들과 연대하는 '동등자 제자직'을 수행하던 공동체였다. 따라서 사도직을 수행한다는 것은 예수와 사도들이 그랬듯 나눔과 섬김의 교회를 만들어가는 것이다. 엘리자베스 쉬슬러 피오렌자, 김상분 옮김『동등자 제자직』(분도출판사, 1997), 김애영 옮김『크리스찬 기원의 여성신학적 재건』(터초, 1993)
23	Emily Dickinson〈If I can stop one heart from breaking〉장영희 번역『생일: 장영희의 영미시 산책』(비채, 2006)

8장 그 여성 마리아

1	마리아가 하느님의 어머니(Theotokos)가 아니라 그리스도의 어머니(Christo-tokos)라고 주장한 네스토리우스는 이단 선고를 받았다.
2	평생동정 교리는 553년 제2차 콘스탄티노플공의회에서 선포되었다. 마리아의 동정성을 예수 출산 이전, 출산 중, 출산 후의 3단계로 나누어 평생 동정을 유지해왔음을 강조한다.
3	마리아의 죄 없으심을 선포하는 무염시태 교리는 1354년 교종 비오 9세의 회칙「형언할 수 없는 하느님(Ineffabilis Deus)」을 통해 선포되었다.
4	마리아가 지상 생활을 마친 후 그 영혼과 육신을 지닌 채 하늘의 영광으로 영입되셨다는 성모승천 교의는 1950년 교종 비오 12세의『지극히 자혜慈惠로우신 하느님(Munificentissimus Deus)』헌장을 통해 선포되었다.
5	마리아론에 대한 교회의 관점을 잘 드러내는 회칙은 교종 바오로 6세의 1974년 회칙「마리아 공경(Marialis Cultus)」이다.
6	백미랑〈마리아론에 대한 여성신학적 이해〉, 강남희〈마리아론에 대한 여성신학적 이해〉,《한국여신학자협의회》Vol.35, p.49-57
7	Beverly Harrison and Shirley Cloyes「Theology and Morality of Procreative Choice」, ed. Patricia Beattie Jung and L. Shannon Jung『Moral Issues and Christian Responses』(Media, Fortress Press, 2013) p.359
8	Monica M. Miler『Sexuality and Authority in the Catholic Church』(University of Scranton Press, 1995) p.123
9	전통적 마리아론 비판은 북미의 여성신학자들로부터 시작되었는데, 이중 대표적인 책들은 로즈마리 류터와 엘리자베스 존슨의 저서들을 비롯

해, 파트리샤 눈Patricia Noone의 『Mary for Today』(Thomas More, 1977), 메리 데일리Mary Daly의 『Pure Lust: Elemental Feminist Philosophy』(Beacon, 1984), 엘리자베스 쉬슬러 피오렌자의 『Transforming Vision: Explorations in Feminist Theology』(Fortress Press, 2014) 등이 있다.

10 마리아론을 다룬 로즈마리 류터의 책으로는 안상님 옮김 『성차별과 신학』(대한기독교출판사, 1985), 『Mary: The Feminine Face of the Church』(Westminster Press, 1977) 등이 있다.

11 엘리자베스 존슨의 마리아론이 가장 잘 드러난 책은 『A Truly Our Sister: A Theological Mary in the Communion of Saints』(Continuum, 2003)이다.

12 아시아와 라틴아메리카의 여성신학자들은 류터와 존슨의 관점에 지지와 비판을 동시에 보내며 탈식민주의신학, 해방신학과 여성신학을 결합한 마리아론을 전개한다. 참고할 서적은 아시아 여성신학포럼(Asia Women's Conference) 〈Who is Mary?〉, 《Composite Paper from Asian Women's Theology Conference in Manila(Manila: EATWOT, 1985)》, 한국염Han Kuk Yum의 〈Mariology as a Base for Feminist Liberation Theology〉와 오로라 잠바라노Aurora S. Zambarano의 〈Mariology〉 등이 수록된 《Asian Women Doing Theology: Report From Singapore Conference(Hong Kong: Asian Women's Resource for Culture & Theology, 1989)》이 있으며, 라틴아메리카 여성신학의 마리아 읽기로는 이본느 게바라Ivone Gebara와 마리아 클라라 빈저머Maria Clara Bingemer 『Mary, Mother of God, Mother of the Poor』와 마르셀라 알트하우스 리드Marcella Althaus-Reid 등 주목할 저작이 많다.

13 Marcella Althaus-Reid 『Indecent Theology: Theological Perversions in Sex, Gender, and Politics』(Routledge, 2000)

14 Margaret D. Kamitsuka 〈Unwanted Pregnancy, Abortion, and Maternal Authority: A prochoice theological argument〉, 《Journal of Feminist Studies in Religion》 No2, Vol.34(Fall 2018) p.41~57

3부 열린 대화의 가능성
9장 "누가 내 어머니고 누가 내 형제들이냐"

1 대한민국통계청 「2023 통계로 보는 1인 가구」
2 경동현 〈'1인 가구 시대' 한국 천주교회의 가정사목 연구: 가족 공론장의 변화와 교회의 과제를 중심으로〉, 《가톨릭신학》 33호(한국가톨릭신학학회, 2018)
3 '가족구성권'이란 자신의 원하는 사람과 원하는 방식으로 가족관계를 구성할 권리이며, '생활동반자법'이란 특정인과 동거하며 협조하는 관계를

	맺는 대상을 '생활동반자'로 규정하고 배우자에 준하는 대우를 받도록 하는 법이다.
4	『가톨릭교회 교리서』 2207항
5	『간추린 사회교리』 209항, 교종 요한바오로 2세의 사도적 권고 「평신도 그리스도인」 40항
6	『가톨릭교회 교리서』 2204항, 『간추린 사회교리』 209항
7	「사목헌장」 48항. 동성결합에 '혼인'의 지위를 부여하라는 요구는 매우 부조리한 것임을 드러낸다. 그러한 요구에 반대하는 것은 무엇보다도 하느님께서 인간의 본성 자체에 새겨 놓으신 계획에 따라 생명을 전달함으로써 열매를 맺는 결합관계가 객관적으로 성립될 수 없기 때문이다. 『간추린 사회교리』 228항
8	『가톨릭교회 교리서』 2022-2023항
9	이에 대한 성서적 근거는 다음과 같다. 창세 1,26-28; 2,18-25, 요한 2,1-12; 마태 5,32; 19,3-12, 마르 10,2-12; 루카 16,18; 에페 5,21-33; 코린 7,1-40. 가톨릭교회는 트렌트공의회(1545~1563)에서 혼인을 7성사 중 하나로 확정하고 이에 관한 규정을 제정했다. 근현대 교회문헌 중에서는 1930년 비오 11세 교종이 반포한 회칙 「정결한 혼인(Casti Connubii)」, 제2차 바티칸공의회(1962~1965)「사목헌장」 47-52항, 요한 바오로 2세 교종의 회칙 「가정공동체」 등에서 혼인과 가정의 존엄성과 신성성, 부부애, 혼인의 열매, 생명의 존엄성, 가정의 행복 등에 관해 가르친다.
10	혼인성사에 관한 규정은 1917년도 교회법전 1012-1143조에서 찾아볼 수 있다. 개정된 1983년도 교회법전(1055조-1165조)에서는 혼인 '장애'에 관한 규정을 단순화했다.
11	『간추린 사회교리』 214항
12	『가톨릭교회 교리서』 2204항, 『간추린 사회교리』 209항
13	혼인성사는 신랑과 신부 모두 세례성사를 받은 신자여야 하며, 원칙적으로 미사 중에 거행한다. 그러나 가톨릭신자가 비신자와 결혼할 경우 교회법상 합법적인 혼인을 이룰 수 없기에 가톨릭교회로부터 명시적인 허락을 받아야 한다.(교회법 1124조) 이를 관면寬免이라고 하며, 관면을 받고 거행된 혼인을 '관면혼인'이라고 한다. 관면을 받으려면 신자든 비신자든 신랑과 신부 둘 다 가톨릭교회가 가르치는 혼인의 목적과 본질적인 특성을 받아들여야 하며, 비신자인 당사자가 배우자의 가톨릭신앙을 방해하지 않고, 자녀 모두를 가톨릭교회에서 세례 받고 교육 받도록 노력하겠다는 약속을 해야 하고, 혼인의 목적과 본질에 대해 둘이 함께 교육 받아야 한다.(혼인예식서 8항, 교회법 1125조)
14	'성가정'은 17세기부터 대중적인 신심 대상으로 발전되었으며, 가톨릭교회는 1921년 성가정 축일(12월 30일)을 지정했다.
15	Carolyn Osiek 「Family Matters」, 『A People's History of Christianity Vol.I: Christian Origin』(Fortress Press, 2005)
16	정다빈 〈정상가족 이데올로기 넘어 우리 각자의 성가정〉, 《예수회 인권연대연구센터》(2023.5.9.)

17	앙드레 뷔르기에르 외, 정철웅 옮김 『가족의 역사 1』(이학사, 2001) p.21
18	소현숙 〈가족근대화의 모델 찾기에서 가족 '정상성'에 대한 성찰로: 한국 현대 가족사 연구 동향과 과제〉, 《역사문제연구》 46호(역사문제연구소, 2021)
19	최유정 『가족정책을 통해 본 한국의 가족과 근대성: 1948-2005년까지』 (박문사, 2010)
20	이미경 〈국가의 출산정책: 가족계획정책을 중심으로〉, 《여성학논집》 12(이화여자대학교 한국여성연구원, 1989), 이명선 〈국회속기록에 나타난 여성정책시각: 가족계획에 대하여〉, 《여성학논집》 7(이화여자대학교 한국여성연구원, 1990), 김은실 〈한국 근대화 프로젝트의 문화논리와 가부장성〉, 《당대비평》 1999년 가을호(삼인, 1999)
21	김명희 〈한국의 국민형성과 '가족주의'의 정치적 재생산: 한국전쟁 좌익 관련 유가족들의 생애체험 및 정치사회화 과정을 중심으로〉, 《기억과 전망》 21(민주화운동기념사업회, 2009) p.273, 소현숙, 앞의 글, p.383
22	대표적인 움직임으로 1975년 주교회의 산하 독립기구로 발족한 '행복한 가정운동'이 있다. 산아제한을 목적으로 하는 정부의 가족계획사업을 반대하며 인공피임, 임신중지 등이 아닌 '자연가족계획'을 보급하는 운동을 펼쳐왔다. 최선혜 〈1960~1970년대 한국 정부의 가족계획사업에 대한 가톨릭의 대응〉, 《인간연구》 제9호(가톨릭대학교 인간학연구소, 2005) 이외에 메리지엔카운터(ME), 한국 천주교주교회의 생명윤리연구회, 수유도우미, 임신중지반대운동 연합, 미혼모와 가출청소년을 위한 '성심의 어머니 집' 등 많은 가정 관련 단체, 연구회, 복지시설 등이 있다.
23	최선혜, 위의 글, p.196
24	이명호 〈버려진 아이들의 귀환: 입양인 서사와 박정희체제〉, 《비교한국학》 21-1(국제비교한국학회, 2013)
25	1980년대에 추진했던 「한국 행복한 가정운동의 계획서」에는 "자연적 가족계획에서 뿐만 아니라 필요한 영적인 동기부여와 지침을 제공함으로써 임신중지와 피임의 악마와 싸우게 한다."고 명시돼있다. 최선혜, 앞의 글, p.198
26	민경자 「가족과 성불평등」, 이영자 외 『성평등의 사회학』(한울, 1993) p.124~132, 최재석 『한국인의 사회적 성격』(개문사, 1976), 이효재 『조선조사회와 가족: 신분상승과 가부장제 문화』(한울, 2003)
27	이득재 『가족은 야만이다』(소나무, 2001)
28	Jin Young Choi 「Weren't You with Jesus the Galilean?: An Intersectional Reading of Ethnicity, Diasporic Trauma, and Mourning in the Gospel of Matthew」, 『MinorITIZED Women Reading Race and Ethnicity: Intersectional Approaches to Constructed Identity and Early Christian Texts』 eds. Mitzi J. Smith and Jin Young Choi(Lexington Boooks, 2022) p.6
29	Ibid., p.9

10장 '간청하는 믿음'으로 한 발자국 더 나아가기

1. '앨라이ally'는 본인은 성소수자 당사자가 아니지만, 성소수자의 인권을 지지하는 이들을 의미한다.
2. 현재 한국의 성소수자 관련 가톨릭단체는 최초의 당사자 모임인 '안개마을', 여성 성소수자 모임 '알파오메가', 당사자와 앨라이 연합모임인 '아르쿠스'가 있다.
3. "성사는 그리스도에서 세우시고 교회에 맡기신 은총의 유효한 표징들로서, 이러한 가시적인 표징들을 통하여 하느님의 생명이 우리에게 베풀어진다."(『가톨릭교회 교리서』224항)
4. 이 글에서는 생물학적인 성별이나 성행위를 넘어 성性에 대해 인간이 가지는 태도, 사고, 감정, 가치관 등을 모두 포함하는 단어로 '섹슈얼리티'를 사용한다.
5. 교황청 신앙교리부는 「성 윤리상의 특정 문제에 관한 선언」(1975) 8항에서 "동성애 행위는 성서에서 그 행위가 극심한 부패 행위로 단죄되었고, 하느님을 배척하는 슬픈 결과를 내는 것으로까지 제시된다."며, "성서의 이런 판단은 … 동성애 행위는 내재적으로 병든 것이고 결코 인가될 수 없다는 사실을 입증한다."고 명시한다.
6. 교황청 정의평화평의회는 "동성애자들의 인간존엄을 온전히 존중하여야 하며 정결을 지키는 것에 특별한 관심을 기울이면서 하느님의 계획을 따르도록 격려하여야" 하지만, "이러한 존중의 의무가 … 동성 간의 혼인과 그것이 가정과 동등하게 여겨질 권리의 인정을 정당화하는 것은 더더욱 아니다."라고 제한한다.(『간추린 사회교리』228항)
7. 교종 요한 바오로 2세는 「동성애자 사목에 관하여 가톨릭교회의 주교들에게 보내는 서한」(1986)에서 "동성애를 하는 그리스도인들도 우리 모두가 그러하듯이 정결한 생활로 부름 받고 있다."(12항)면서 "동성애자들이 죄에 다가서는 기회를 피하도록 돌보아주는 일이 참으로 사목적인 접근이 될 것"(15항)이라 강조했다.
8. 창세기 19:1-25, 판관기 19:22-25, 레위기 18:22, 20:13, 로마서 1:26-27, 코린토1서 6:9-10, 티모테오1서 9-10
9. Daniel Helminiak 『What the Bible Really Say about Homosexuality』(Alamo Square Press, 1994)
10. Choon-Leong Seow「A Heterosexual Perspective」, 『Homosexuality and Christian Community』(Presbyterian Publishing Corporation, 1996)
11. Marti Nissinen 『Homoeroticism in the Biblical World: A Historical Perspective』(Fortress, 1998) p.40~46, Frank G. Kirkpatrick 『The Episcopal Church in Crisis: How Sex, the Bible, and Authority are Dividing the Faithful』(Praeger, 2008) p.150~155
12. John Boswell 『Christianity, Social Tolerance, and Homosexuality』(University of Chicago Press, 1980), 김진호 『성서와 동성애: 혐오와

	억측을 넘어, 성서 다시 읽기』(오월의 봄, 2020)
13	Richard B. Hayes 『The Moral Vision of the New Testament: Community, Cross, New Creation, and Contemporary Introduction to New Testament Ethics』(HarperOne, 1996)
14	이 구절은 결혼과 가정의 의미를 자녀출산에 국한하는 태도를 만들어오기도 했다. 이성애중심주의와 더불어 다시 생각해볼 만한 해석인데, 다음 장에서 성가정의 의미를 여성신학적 입장으로 성찰할 때 톺아보겠다.
15	요한 바오로 2세 교종 회칙,「신앙과 이성(Fides et Ratio)」과 프란치스코 교종 회칙「신앙의 빛 (Lumen Fidei)」은 신앙과 이성의 협력관계를 강조하며, 과학과 교회 간의 갈등에 대한 믿음은 잘못된 가정에 기초했다고 강조한다.
16	창세기 1장에 대한 가장 많이 알려진 여성신학적 해석으로는 필리스 트리블, 유연희 옮김,『하나님과 성의 수사학』(도서출판 알맹e, 2022)
17	Emily Reimer-Barry 〈A Queer Reading of Genesis 1-2 For Pride Month〉,《Catholic Moral Theology》(2022.6.7)
18	Margaret Moers Wenig「One Male and Female God Created Them」, Gregg Drinkwater, Joshua Lesser, and David Shneer, eds.,『Torah Queeries: Weekly Commentaries on the Hebrew Bible』(New York Univ. Press, 2009) p.111~116, 유연희 〈창세기 1-3장을 퀴어링하기〉,《The Korean Journal of Old Testament Studies》 78(2020) p.188~218
19	총 4권으로 구성된『대이교도대전』은『신학대전』과 더불어 가장 많이 전승된 토마스 아퀴나스의 작품으로, 비신앙인을 위한 그리스도교 신앙의 교과서라 볼 수 있다.
20	『신학대전』1a.2ae.94.3ad 2.,『대이교도대전』3.2.122.
21	"생식이 결과적으로 따라오지 않는 모든 방식의 정액 방출은 인류의 선에 반대되는 것이다. … 남성과 여성 사이의 자연스러운 결합이 아닌 모든 정액의 방출이 그러한 방식이다. 그러한 이유에서 이 유형의 죄들은 자연에 반대된다." 토마스 아퀴나스『신학대전』3.2.122.5.
22	토마스 아퀴나스는『대이교도대전』을 1259년에서 1268년 사이에,『신학대전』은 1265년에서 1273년 사이에 집필했다.
23	Donna Haraway 〈Situated Knowledges: The Science Question in Feminism and the Privilege of Partial Perspective〉,《Feminist Studies》Vol.14, No.3(Autumn, 1988) p.575~599
24	정희진『양성평등에 반대한다』(교양인, 2017) p.26~28
25	과학자들은 1999년까지 1500여 종의 동물 종에서 동성애 현상을 발견했다. Volker Sommer and Paul L. Vasey『Homosexual Behaviour in Animals: An Evolutionary Perspective』(Cambridge: Cambridge University Press, 2006) 동성애의 원인을 밝히려고 수고를 들이는 경향도 재고되어야 한다. 유전적 원인이든 사회적 선택이든 이성애에 관해서는 원인을 따져 묻지 않는다. 인간과 동물이 살아가는 세상에 동성애자들이 많다는 사실만으로도 동성애 또한 질서의 한 부분이라고 인정

26	손호현 〈동성애오- 신학적 인권: 토마스 아퀴나스의 성(성)의 신학을 중심으로〉, 《신학사상》 117집(2017, 여름)
27	Margaret Farley 『Just Love: A Framework for Christian Sexual Ethics』(Continuum, 2006) 서문 xi
28	성인지 감수성은 남성과 여성이라는 성역할 고정관념이나 편견을 가지고 젠더 차별적인 생각과 행동을 하고 있지는 않은지 성찰할 능력과 성별 간의 불균형에 대한 이해와 지식을 갖춰 일상에서 성차별적 요소를 감지해내는 민감성을 의미한다.
29	Mark D. Jordan 『The Ethics of Sex』(Wiley-Blackwell, 2002)
30	김누리 『우리의 불행은 당연하지 않습니다』(해냄출판사, 2020) p.110~118
31	신다인 〈김누리 중앙대 교수 '성교육이 가장 중요한 민주주의 교육'〉, 《여성신문》 (2024.1.10.)
32	프란치스코 교종이 자주 인용하는 로마노과르디니의 구절이다.
33	신학자 엘리자베스 존슨은, 인간의 기원에 대한 성서의 메시지를 이해하려면 창세기가 아닌 지혜이 창조 본문에서 시작해야 한다고 말한다. Elizabeth A. Jonson, "Interpret: As with the Bible, so too with church teaching on homosexuality", Outreach. 2023.9.24(http://outreach.faith/2023/09/interpret-as-with-the-bible-so-too-with-church-teaching-on-homosexuality).

11장 경계에서 길 찾기

1	1973년 미연방 대법원은 이 판례를 통해 "여성은 임신 후 6개월까지 임신중지를 선택할 헌법상 권리를 갖는다."고 판단했다.
2	이 판결의 공식 명칭은 도브스 대 잭슨 여성건강기구(Dobbs v. Jackson Women's Health Organization) 사건으로, 연방대법원의 상위법으로 보호받던 여성의 임신관련 결정권이 각주에서 국민이 선출한 주지사와 주의회의 자체적 판단에 따라 위헌 혹은 합헌으로 판결될 것을 의미한다.
3	교회를 비롯해 많은 곳에서 아직 '낙태' 혹은 '임신중절'이라는 표현을 쓰고 있으나, 여성학과 페미니즘 진영은 부정적인 의미를 포함하는 표현 대신 자생산에 대한 여성의 권리를 강조하는 '임신중지'라는 표현을 권장한다.
4	이미영 〈'낙태죄' 논쟁의 전환 필요성〉, 《가톨릭평론》 30호(2022년 7·8월) p.52
5	"모든 사람은 인간 생명을 신성한 것으로 존중해야 한다. 인간 생명은 그 발단에서부터 창조주이신 하느님의 행위를 요구하기 때문이다." 요한 23세 호칙 「어머니요 스승(Mater et Magistra)」(1961.5.15) 194항
6	태아를 인간으로 보는 성경의 구절들은 대부분 구약에서 근거를 찾는다. 시편 71장 5-6절과 139장 13-16절, 이사야서 49장 1절, 아모스서 1장 1절, 갈라티아서 1장 15절. 그러나 유대교에서는 이 구절들에

	대한 해석이 다양하며, 태아가 모체에서 독립해 스스로 숨을 쉬는 순간부터 생명으로 간주하는 입장이 존재한다. 로 대 웨이드 판결이 무효가 된 후 미국의 여성 개혁파 유대교 랍비들의 전국 조직인 여성랍비협회(Women's Rabbinic Network)에서는 "원하지 않거나 생명을 위협하는 임신을 강요하는 것은 임신한 살아있는 여성보다 태아를 우선시하기 때문에 유대법을 위반하는 것"이라는 입장으로 성명서를 발표했다.
7	교황청 신앙교리부「인공유산 반대선언문」(1974.11.18) 12항, 13항
8	김문정·신효성 〈낙태죄에 대한 가톨릭 관점의 제언〉, 《성균관법학》 제3권 3호(2020.9) p.187, 조규만 〈신학적 관점에서 본 생명〉, 《생명윤리》 제2권 2호(한국생명윤리학회, 2001)
9	제2차 바티칸공의회「기쁨과 희망: 현대세계의 교회에 관한 사목헌장」(1965.12.7) 27항
10	그러나 '중죄'에 해당하는 임신중지를 행한 여성의 경우 죄를 용서할 권한은 원칙적으로 주교와 주교가 권한을 위임한 사제에게만 국한돼있다. 이런 의미에서 2015년 희년동안 회개하는 여성들의 '낙태죄'를 용서하는 권한을 전 세계 사제에게로 확대한 프란치스코 교종의 칙서「자비의 얼굴(Misericordiae Vultus)」과 교서「자비와 비참(Misericordia e Misera)」은 의미심장하다.
11	김문정·신효성, 앞의 책, p.191
12	한국천주교주교회의 성명서「낙태완전폐지 입법추진을 강력 반대한다」(2020.8.20)
13	'프로라이프 대 프로초이스' 개념은 미국의 임신중지법 논쟁에서 만들어진 구도다. 1972년 피임 입법화에 이어 1973년 로 대 웨이드 판결 이후 임신중지가 합법화하는 과정에서 태아의 생명권을 주장하는 그리스도교 윤리학자 및 보수 공화당(프로라이프)과 여성의 자유권과 신체에 대한 자기결정권을 주장하는 페미니즘 진영, 진보세력의 구도(프로초이스)가 형성되었다.
14	임신 주수週數 계산으로 태아의 생명 여부를 판단하는 방식 또한 개인의 종교적·도덕적 신념에 따라 다를 수 있다는 것을 인정하므로 페미니즘 내에서 의견의 일치를 이룬 접근은 아니다.
15	윤정원「인권과 보권의료의 관점에서 본 임신중지」, 『배틀그라운드: 낙태죄를 둘러싼 성과 재생산의 정치』(후마니타스, 2018) p.62
16	양현아 〈여성낙태권의 필요성과 그 함의〉, 《한국여성학》 제21권 1호(한국여성학회, 2005)
17	김세서리아 〈한국 사회에서 낙태 담론에 대한 여성철학적 성찰〉, 《시대와 철학》 제30권 1호(한국철학 사상연구회, 2019) p.43~76
18	양현아, 앞의 글, p.10
19	프란치스코 교종「복음의 기쁨(Evangeli Gaudim)」187항
20	양현아, 앞의 글, p.9
21	Kate Ott 〈From Politics to Theology: Responding to Roman Catholic Ecclesial Control of Reproductive Ethics〉, 《Journal of Feminist Studies in Religion》 Vol.30, No.1(Spring 2014) p.139

22	김문정·신효성, 앞의 책, p.197
23	개신교 윤리학자인 김혜령은 임신중지 결정이 그 자체로 비난받아야 할 죄 혹은 범죄가 아니라 태아를 환대하지 못한 '윤리적 실패'로 보아야 한다고 주장한다. 김혜령 〈편들기의 윤리학: 인공임신중절 전면적 허용에 대한 여성주의 기독교 윤리학의 변증〉,《제3시대 그리스도교 연구소 제247차 월례포럼》(2022.6.28)

12장 '쇄신'과 '단절'의 기로에서

1	이 '중대한 죄악'의 명단에는 소아성애도 포함된다. 즉, 여성사제 서품은 소아성애와 같은 범죄로 분류된다. Rachel Donadio 〈Vatican Revises Abuse Process, but Causes stir〉,《The New York Times》(2010.7.15.)
2	『교회법』제4권 교회의 성화 임무, I. 6.2 제1024조
3	교종 요한 바오로 2세, 〈Ordinatio Sacerdotalis〉,《On Reserving Priestly Ordination to Men Alone》(Vatican Archive[web], 1994.5)
4	교황청 신앙교리부 「여성 교역사제직 불허 선언(Inter Insigniores)」(Vatican Archive, 1976.10.15.) 이 부분은 논리의 일관성 면에서 논쟁의 여지가 많다. 관련 글은 Phyllis Zagano 〈Phyllis Zagano on the Case for Catholic Women Deacons〉,《America》(2003.2.17.)
5	프란치스코 교종, 랍비인 아브라함 스코르카와 가진 대담집『천국과 지상』(율리시즈, 2013), 한상봉 〈여성사제, 여전히 남은 숙제〉,《가톨릭일꾼》(2018.12.3.)
6	마태 10,1-4; 마르코 3,13-19; 루카 6,12-16. Peter Schäfer『Jesus in the Talmud』(Princeton University Press, 2007) p.75
7	초대교회에서 여성부제가 수행한 네 가지 사목 영역은 ①복음화, 교리교육 및 영적지도, ②강론, 전례봉사, ③기름부음을 포함한 병자돌봄, ④전례에서의 기도. Jean Daniélou『The Ministry of Women in the Early Church』(Faith Press, 1974) p.14, 이외 참고도서는 Carolyn Osiek and Margaret Y. MacDonald, with Janet Tulloch『A Woman's Place: House Churches in Earliest Christianity』(Augsburg Fortress Press, 2005) p.161~163, Christien Schenk『Crispina and Her Sisters: Women and Authority in Early Christianity』(Fortress Press, 2017)
8	Gary Macy『Women Deacons, History』eds. Gary Macy, William Ditewig and Phyllis Zagano『Women Deacons, Past, Present, Future』(Paulist Press, 2011) p.13~36,『가톨릭교회 교리서』1592항
9	Leonard Swidler and Arlene Swidler, eds.,『Women Priests: A Catholic Commentary on the Vatican Declaration』(Paulist Press, 1977) p.338~346
10	Jill Peterfeso『Womanpriest: Tradition and Transgression in the

	Contemporary Roman Catholic Church』(Fordham University Press, 2020) p.44~45
11	박정우 〈가톨릭교회의 여성사제 논쟁〉, 《가톨릭평화신문》 제1722호 (2023.8.6)
12	예수회 김정대 신부는 이러한 성역할의 고정관념을 남성의 경험을 통해 분석했다. 김정대 『왜 남자들은 왜 기를 쓰고 불행하게 살까』(바오, 2023)
13	Robert McClory 〈Pope Francis and Women's Ordination〉, 《National Catholic Reporter》(2013.9.16.)
14	여성사제직운동 홈페이지 www.romancatholicwomenpriests.org/meet-the-ordained
15	Jill Peterfeso 『Womanpriest』 p.35
16	양심의 의무는 「기쁨과 희망(Gaudium et Spes)」에서 수차례 강조되었다.
17	'하느님의 백성으로서 교회'는 「인류의 빛(Lumen Gentium)」에 40번 이상 등장한다.
18	〈Roman Catholic Womenpriests Responds to Pope Francis's Interview〉, 《Roman Catholic Womenpriests[maryofmagdala-mke.org/subpage3.shtml]》(2019.12.31)
19	가톨릭교회 안에 교종과 주교들의 유효성이 열두 사도로부터 전래해 역사적으로 중단되지 않고 계승되어왔다는 믿음. 이 연결을 상징하고 유효하게 하는 표시는 사제서품식 때 이행된다. 7장에서 논의한 바와 같이, 사도적 계승에 대한 성사론적 해석은 기존의 가부장적 해석을 도전할 수 있다.
20	여성사제 운동 홈페이지, Ibid.
21	예를 들어, 엘리자베스 쉬슬러 피오렌자는 사도계승에 대한 성서적·역사적 증거가 불충분하다고 주장하며, 서품에 대한 전통적인 로마가톨릭의 이해가 교회를 성직자와 평신도 사이로 이분화하기에, 예수 공동체 안에서 실현되었던 평등한 제자도를 되살리려면 사제서품 자체를 재고해야 한다고 주장한다. Elisabeth Schüssler Fiorenza 『Discipleship of Equals: A Critical Feminist Ekklesia-logy of Liberation』(Crossroad, 1993), 『In Memory of Her: A Feminist Theological Construction of Christian Origins』(Cross-road, 1983)
22	요한 바오로 2세 『사제의 생활과 교역에 관한 교령(사제품, Presbyterorum Ordinis)』 9항
23	Hellena Moon 〈Womenpriests: Radical Chance or More of the Same〉, 《Journal of Feminist Studies in Religion》 Vol.24, No.2(Fall, 2008) p.128
24	정다빈 〈닫힌 문 앞에서, 교회 안 여성의 자리〉, 《가톨릭평론》 31호 (2021년 봄호) p.77
25	토마시 할리크, 차윤석 옮김 『그리스도교의 오후: 위기의 시대, 보편적 그리스도를 찾아서』(분도 출판사, 2021) p.106~107
26	올리비에 드 베랑제, 프라도사제회 옮김 『슈브리에 신부의 비밀』(가톨릭

	출판사 2016) p.231~2. 프라도사제회는 가난한 이들과 함께하면서 그들을 복음화하기 위해 복자 앙투완느 슈브리에 신부가 1860년 설립했다. 1975년 고故 이용유 신부의 프라도 첫 서약으로 한국 프라도 사제회가 설립됐으며, 현재 관심자까지 총 170여 명의 사제가 한국 프라도회 소속으로 활동하고 있다. 〈2023 한국 프라도 사제회 총회〉, 《가톨릭신문》(2023.2.22.) 프라도 사제회 홈페이지 pradokry.wordpress.com
27	제2차 바티칸공의회 「교회에 관한 교의 헌장」 28항 '사제의 직무와 생활에 관한 교령' 2항

* 이미지 출처

책 본문에 사용된 이미지는 위키피디아를 활용하였습니다.

참고자료

[참고자료 1] 여성에 관한 교회 문헌

[교회문헌]

* 프란치스코 교종의 자의 교서
「사랑이 넘치는 어머니처럼(Come una madre amorevole)」(자의교서 2016.6.4)
https://www.vatican.va/content/francesco/en/motu_proprio/documents/papa-francesco-motu-proprio_20160604_come-una-madre-amorevole.html
「너희는 세상의 빛이다」(Vos estis lux mundi)(자의교서 2019.5.7)
http://ebook.cbck.or.kr/gallery/view.asp?seq=214749 (p.56~69)

* 프랑스 소베 보고서 제안
https://www.ciase.fr/rapport-final/#anglais

* 시노드 최종문서
60. 세례의 힘으로 남성과 여성은 하느님 백성 안에서 동등한 품위를 누린다. 그러나 여성들은 교회 생활의 다양한 분야에서 그들의 은사와 소명과 위치를 더욱 온전히 인정받는 데에서 계속 장애물에 부딪치며, 이는 공동 사명을 위한 봉사를 저해한다. 성경은 구원 역사에서 많은 여성의 중요한 역할을 증언한다. 부활을 처음 선포하는 임무는 한 여인 마리아 막달레나에게 맡겨졌다. 오순절 날 위층 방에는 하느님의 어머니이신 마리아께서 주님을 따르던 다른 많은 여인과 함께 계셨다. 관련 성경구절들이 전례독서집 안에 적절한 자리를 찾는 것이 중요하다. 교회 역사에서 중요한 순간마다 성령의 이끄심을 받은 여성들의 중대한 공헌을 확인할 수 있다. 여성은 교회에 나오는 사람들 대부분을 구성하고, 종종 가정 안에서 신앙의 첫 증인이 된다. 또한 소공동체와 본당 생활에서 열심히 활동하고, 학교, 병원, 보호소를 운영하며, 화해와 인간존엄성과 사회정의의 증진을 위한 계획들에 앞장서고 있다. 여성들은 신학연구에 기여하고, 교회 연계기관들과 교구청과 교황청에서도 책임 있는 위치에 있다. 권위 있는 역할을 수행하거나 공동체의 지도자로 활동하는 여성들도 있다. 이번 시노드총회는, 여성의 역할과 관련하여 현행법으로 이미 규정하고 있는 모든 기회가 특히 아직 시행되지 않는 곳을 비롯하여 완전하게 이행되기를 촉구한다. 여성이 교회 안에서 지도자 역할을 맡는 것을 막을 이유는 없다. 성령에서 오는 것을 막을 수는 없을 것이다. 여성에게 부제직을 허용하는 문제도 여전히 열려있다. 이에 관한 식별이 계속 이루어질 필요가 있다. 시노드총회는 또한 설교, 가르침, 교리교육, 그리고 교회 공식 문서들의 초안

작성에 사용되는 언어와 이미지에 더욱 큰 관심을 기울이고 여성성인들, 신학자들, 신비가들의 공헌에 더 많은 자리를 부여할 것을 요청한다.
[내용출처 - https://www.cbck.or.kr/Notice/20242480?gb=K1200#]

*교회와 여성 : 여성에 관한 교회 문헌 자료집 / 주교회의평신도사도직위원회여성소위원회 편. 서울 : 한국천주교중앙협의회, 2002.

[참고자료 2] 여성신학 도서목록(가나다순)

가톨릭여성신학회『열린 교회를 꿈꾸며』(바오로딸출판사, 2004)
강남순『21세기 페미니스트 신학: 주제와 과제』(동녘, 2018)
강남순『젠더와 종교: 페미니즘을 통한 종교의 재구성』(동녘, 2018)
강남순『페미니스트 신학: 여성 여성 생명』(한국신학연구소, 2002)
강남순『페미니즘과 기독교』(동녘, 1998)
강남순『현대여성신학』(대한기독교서회, 1994)
강호숙『성경적 페미니즘과 여성 리더십: 복음주의와 페미니즘의 만남』(새물결플러스, 2020)
게르다체판스키『고요한 해방』(여성한국 사회연구소, 1999)
게르하르트 다우첸베르크, 정현정 옮김『원시 그리스도교의 여성』(분도출판사, 1992)
권지성 외『성폭력, 성경, 한국교회』(기독교문서선교회, 2019)
기독여민회신학위원회『성서가 보는 여성 여성이 보는 성서』(녹두, 1995)
기스베르트 그레사케, 조한규 옮김『마리아와 교회: 마리아론과 교회론의 관계_제1권 마리아에 관한 성경적·교의적·신학사적 진술』(가톨릭대학교출판부, 2024)
김근수『여성의 아들 예수』(클라우드나인, 2021)
김명주『여성의 성이 성스러웠을 때: 사랑의 페미니즘을 위하여』(충남대학교 출판문화원, 2018)
김신명숙『여신을 찾아서. 인류 최초의 신은 여자였다』(판미동, 2018)
김애영『여성신학의 비판적 탐구』(한신대학교출판부, 2010)
김애영『여성신학의 주제탐구』(한신대학교출판부, 2003)
김애영『한국 여성신학의 지평』(한울, 1995)
김윤옥『여성해방을 위한 성서연구』(한국신학연구소, 1988)
김혜란, 이호은 옮김『상호의존성: 포스트식민주의 여성주의 실천신학』(동연, 2020)
도로테 죌레, 박재순 옮김『사랑과 노동』(한국신학연구소, 1987)
도로테 죌레, 정미현 옮김『말해진 것보다 더 많이 말해져야 한다』(한들, 2000)
도로테 죌레, 정용섭 옮김『땅은 하나님의 것이다』(한국신학연구소, 1999)

도로테 죌레, 채수일 옮김『고난』(한국신학연구소, 1995)
레티 러셀, J.샤논 클락슨, 황애경 옮김『여성신학사전』(이화여자대학교출판부, 2003)
레티 러셀『여성해방의 신학』(대한기독교서회, 1979)
로즈마리 래드퍼드 류터,『성차별과 신학』(대한기독교서회, 1985)
로즈마리 래드더드 류터, 전현식 옮김『가이아와 하느님: 지구 치유를 위한 생태여성학적 신학』(이화여자대학교출판부, 2000)
리사 이셔우드, 한국여신학자협의회 번역팀 옮김『뚱뚱한 예수』(대장간, 2023)
마리아 김부타스, 고혜경 옮김『여신의 언어(The Language of the Goddess)』(한겨레출판, 2016)
멀린 스톤, 정영묵 옮김『하느님이 여자였던 시절(When god was a woman)』(뿌리와이파리, 2005)
메리 A. 캐시언『여자, 창조, 그리고 타락』(바울, 1993)
메리 T. 말로운, 안은경 옮김『여성과 그리스도교 2: 천년부터 종교개혁 전까지』(바오로딸출판사, 2009)
메리 T. 말로운, 유정원 옮김『여성과 그리스도교 3: 종교개혁부터 21세기까지』(바오로딸출판사, 2012)
메리 T. 말로운, 유정원·박경선 옮김『여성과 그리스도교 1: 초세기부터 천년까지』(바오로딸출판사, 2008)
메리 데일리, 황혜숙 옮김『교회와 제2의 성』(여성신문사, 1997)
바버라 J 맥해피『기독교 전통 속의 여성』(이화여자대학교출판부, 1995)
박순경『한국민족과 여성신학의 과제』(대한기독교서회, 1983)
백소영『페미니즘과 기독교의 맥락들: 젊은 페미니스트 크리스천을 위한 길라잡이』(뉴스앤조이, 2018)
손승희『여성신학의 이해(한국신학논집 12)』(한국신학연구소, 1989)
수잔네 하이네『초기 기독교 세계의 여성들: 여성신학에 대한 역사적 성찰』(이화여자대학교출판부, 1998)
실비아 페데리치, 황성원 옮김『혁명의 영점; 가사노동, 재생산, 여성주의 투쟁』(갈무리, 2013)
아시아여성신학자료센터『하나님의 형상대로』(대한기독교서회, 1995)
안상님『아스팔트를 뚫고 나온 여린 순처럼: 살리디로 살아온 여신학자 이야기』(동연, 2015)
안상님『여성신학 이야기』(다한기독교회, 1992)
알리스 L. 라페이, 장춘식 옮김『여성신학을 위한 구약개론』(대한기독교서회, 1998)
알베라 미켈센, 정용성 옮김『복음주의와 여성신학』(솔로몬, 2001)

앤 E. 페트릭, 김수복 옮김『미리암의 노래: 오늘의 여성신학』(일과놀이, 1992)
에리히 노이만, 박선화 옮김『위대한 어머니 여신, 인류의 무의식적 심층 속에서 여성의 원형을 찾는 위대한 탐구(The Great Mother)』(살림, 2009.)
에치오 모로시, 이재숙 옮김『그리스도와 여인들: 복음서에 따른 여성신학』(성바오로, 1993)
엘리사벳 A. 존슨, 함세웅 옮김『하느님의 백한번째 이름: 하느님 신비에 관한 여성신학적 논의』(바오로딸, 2000)
엘리사벳 쉬쓸러 피오렌자, 김상분·황종렬 공역『동등자 제자직: 비판적 여성론의 해방 교회론』(분도출판사, 1997)
엘리자베스 쉬슬러 피오렌자, 김호경 옮김『성서-소피아의 힘: 여성해방적 성서해석학』(다산글방, 2002)
엘리자베트 몰트만 벤델『젖과 꿀이 흐르는 땅: 여성신학의 전망』(대한기독교서회, 1991)
울리케 아이힐러, 김상임 옮김『깨어진 침묵-성폭력에 대한 여성신학적 응답』(여성신학사, 2001)
이경숙『구약성서의 여성들』(대한기독교서회, 1997)
이선애『아시아 종교 속의 여성-아시아 여성의 현실과 신학』(아시아여성신학자료센터, 1995)
이숙진『한국 근대 기독교와 여성의 탄생』(모시는 사람들, 2022)
이연수『초기 그리스도교 가정교회와 여성』(우리신학연구소, 2014)
이우정『여성들을 위한 신학』(한국신학연구소, 1987)
이은선『동북아 평화와 聖·性·誠의 여성신학』(동연, 2018)
이은선『세월호와 한국 여성신학』(동연, 2018)
이은선『포스트모던시대의 한국 여성신학: 유교·페미니즘·교육과의 대화 속에서』(분도출판사, 1997)
이은선『한국 생물 여성영성의 신학 : 종교(聖)·여성(性)·정치(誠)의 한몸짜기』(모시는 사람들, 2011)
이인경『여성·신학·윤리』(동연, 2013)
이재숙『그리스도와 여인들: 복음에 따른 여성신학』(성바오로출판사, 1993)
이충범『중세 신비주의와 여성: 주체, 억압, 저항 그리고 전복』(동연, 2011)
이화여자대학교 여성신학연구소 편『한국여성과 교회론』(대한기독교서회, 1998)
장상『말씀과 함께하는 여성』(이화여자대학교출판부, 2005)
정미현『또 하나의 여성 신학 이야기』(한들출판사, 2007)
정숙자『하나님의 모습을 찾아서: 성서와 파트너쉽』(여성신학사, 1997)
정숙자『생존과 해방을 향한 여정』(대한기독교서회, 1999)

정용석『기독교 여성사』(이화여자대학교출판문화원, 2017)
정현경, 박재순 옮김『다시 태양이 되기 위하여-아시아 여성신학의 현재와 미래』(분도출판사, 1994)
조진성『분단과 여성: 한반도 여성의 권익과 여성통일신학』(새물결플러스, 2017)
주디트 A. 갤러리스『믿음의 여인들: 구약성서에 나오는 여순들의 영성』(바오로딸, 1997)
천영숙『여성목희론』(한국신학연구소, 1996)
최만자『여성의 삶, 그리고 신학: 1980-1990년대 한국여성신학의 주제들』
최만자·박경미『새 하늘 새 땅 새 여성: 이 시대의 여성신학서』(생활성서사, 1993)
최영실『신약성서의 여성들: 성서와 해석』(동연, 2012)
카나리나 할케스, 정은순 옮김『아들만 하느님 자식인가: 여성신학개론』(분도출판사, 1994)
캐롤 A. 뉴섬, 샤론 H. 린지, 이화여성신학연구소 옮김『여성들을 위한 성서주석: 구약편』(대한기독교서회, 2015)
캐롤 A. 뉴섬, 샤론 H. 린지, 이화여성신학연구소 옮김『여성들을 위한 성서주석: 신약편』(대한기독교서회, 2012)
캐서린 모우리 라쿠그나 엮음, 강영옥·유정원 옮김『신학, 그 막힘과 트임: 여성신학개론』(분도출판사, 2004)
테레사 포르카데스 이 빌라, 김항섭 옮김『여성주의 신학의 선구자들』(분도출판사, 2018)
필리스 트리블, 유연희 옮김『하나님과 성의 수사학』(태초, 1996)
한국가톨릭신학학회 편『해방 이후 한국 사회와 가톨릭교회 여성운동』(한국가톨릭신학학회, 2005)
한국가톨릭여성신학회『열린 교회를 꿈꾸며』(바오로딸출판사, 2004)
한국가톨릭여성신학회『이 시대에 다시 만난 여성 신비가들 2』(동연, 2021)
한국가톨릭여성신학회『이 시대에 다시 만난 여성 신비가들』(동연, 2018)
한국가톨릭여성신학회『제가 주님을 뵈었습니다: 마리아 막달레나, 십자가와 부활의 첫 증인』(동연, 2024)
한국가톨릭여성연구원『상성과 희망의 영성: 여성, 우리가 희망이다』(가톨릭대학교출판부 2016)
한국구약학회 편『이런 악한 일을 내게 하지 말라: 구약성서와 성폭력 그리고 권력』(동연, 2020)
한국기독교윤리학회 편『페미니즘과 기독교 윤리』(예영커뮤니케이션, 2005)
한국기독교학회『여성신학과 한국 교회』(한국신학연구소, 1997)
한국여성신학자협의회 평화·통일반 편『희년·통일과 여성신학』(여성신학사, 1992)

한국여성신학회 편 『한국여성의 경험』(대한기독교서회, 1994)
한국여성신학회 편, 여성신학사상 제10집 『21세기 세계 여성신학의 동향』(동연, 2014)
한국여성신학회 편, 여성신학사상 제11집 『위험사회와 여성신학』(동연, 2016)
한국여성신학회 편, 여성신학사상 제12집 『혐오와 여성신학』(동연, 2018)
한국여성신학회 편, 여성신학사상 제13집 『자본주의 시대 여성의 눈으로 성서를 읽다』(동연, 2020)
한국여성신학회 편, 여성신학사상 제14집 『치유와 여성신학』(동연, 2022)
한국여성신학회 편, 여성신학사상 제15집 『연대하는 여성신학』(동연, 2024)
한국여성신학회 편, 여성신학사상 제2집 『성서와 여성신학』(대학기독교서회, 1995)
한국여성신학회 편, 여성신학사상 제3집 『교회와 여성신학』(대한기독교서회, 1997)
한국여성신학회 편, 여성신학사상 제4집 『영성과 여성신학』(대한기독교서회, 1999)
한국여성신학회 편, 여성신학사상 제5집 『성(性)과 여성신학』(대한기독교서회, 2001)
한국여성신학회 편, 여성신학사상 제6집 『민족과 여성신학』(한들출판사, 2006)
한국여성신학회 편, 여성신학사상 제7집 『다문화와 여성신학』(대한기독교서회, 2008)
한국여성신학회 편, 여성신학사상 제8집 『선교와 여성신학』(프리칭아카데미, 2010)
한국여성신학회 편, 여성신학사상 제9집 『미디어와 여성신학』(동연, 2012)
한국여성신학회 편 『성性과 여성신학』(대한기독교서회, 2000)
한국여성신학회 편 『성과 여성신학』(대한기독교서회, 2001)
한국여성신학회 편 『영성과 여성신학』(대한기독교서회, 1999)
한국여신학자협의외 편 『함께 참여하는 여성신학』(대한기독서회, 1991)
한국여신학자협의회 편 『(새롭게 읽는) 성서의 여인들』(대한기독교서회, 1994)
한국여신학자협의회 편 『성폭력과 기독교』(여성신학사, 1995)
한국여신학자협의회 편 『함께 참여하는 여성신학』(대한기독교서회, 1997)
한국여신학자협의회 한국여신상연구반 편 『한국 민간신앙에 나타난 여신상에 대한 여성신학적 조명』(여성신학사, 1992)
홍인표 『여성과 한국교회: 구한말과 1920-1930년대의 여권의식』(기독교문서선교회, 2019)
E. S. 피오렌자, 김상분 외 옮김 『동등자 제자직』(분도, 1997)
E. S. 피오렌자, 김애영 옮김 『크리스찬 기원의 여성 신학적 재건』(태초, 1993)

E. S. 피오렌자, 김윤옥 옮김 『돌이 아니라 빵을: 여성신학적 성서해석학』(대한기독교서회, 1994)
J. M. 가타리나 할케스, 안상님 옮김 『여성신학 입문』(대한기독교서회, 1983)

[참고자료 3] 여성단체 목록과 연락처

- 경남여성회 www.gnwomen.com
- 기독여민회 kwm1986.org
- 대구여성회 www.daeguwomen21.or.kr
- 대전여민회 www.tjwomen.or.kr
- 부산성폭력상담소 wopower30.or.kr
- 새움터 swoom2@chol.com
- 성매매문제 해결을위한전국연대 www.jkyd2004.org
- 수원여성회 www.swa.or.kr
- 울산여성회 facebook.com/ulsanwomen
- 제주여민회 jejuwomen.kr
- 제주여성인권연대 www.jwr.or.kr
- 젠더교육플랫폼효재 http://getp.or.kr/
- 젠더정치연구소 여.세.연 www.womanpower.or.kr
- 평화를만드는여성회 www.peacewomen.or.kr
- 포항여성회 www.phwomen.org
- 한국성폭력상담소 www.sisters.or.kr
- 한국여성노동자회 www.kwwnet.org
- 한국여성민우회 www.womenlink.or.kr
- 한국여성연구소 www.kwsi.or.kr
- 한국여성의전화 www.hotline.or.kr
- 한국여신학자협의회 www.kawt.co.kr
- 한국여성장애인연합 www.kdawu.org
- 한국이주여성인권센터 www.wmigrant.org
- 한국한부모연합 http://www.hanbumonet.com
- 함께하는주부모임 chamjumo@hanmail.net
- 한국성인지예산네트워크 cafe.daum.net/genderbucget
- 한국사이버성폭력대응센터 http://cyber-lion.com
- 인천여성회(준회원단체) www.icwa.kr
- 세종여성(준회원단체) https://sjwomen.or.kr

[참고자료 4] 여성신학 관련 단체들
https://myhome.ewha.ac.kr/user/eiwts/index.action

[참고자료 5] 한국 성소수자 관련 단체 목록
(성소수자 친화적 직장을 만들기 위한 다양성 가이드라인 참고)

성소수자 인권 단체
한국게이인권운동단체 친구사이
 chingusai.net, 02-745-7942, contact@chingusai.net
한국성적소수자문화인권센터
 kscrc.org, 0505-896-808, kscrcmember@naver.com
행동하는성소수자인권연대
 lgbtpride.or.kr, 02-715-9984, lgbtaction@gmail.com

성소수자 친화적 의료기관
살림의원
 salimhealthcoop.or.kr, 02-6014-9949
마포의료복지사회적협동조합
 mapomedcoop.net, 02-326-0611

성소수자 상담/쉼터
청소년 성소수자 위기지원센터 띵동
 ddingdong.kr, 02-924-1224, LGBTQ@ddingdong.kr
성소수자자살예방프로젝트 마음연결
 chingusai.net/xe/main_connect, 1577-0199

기타
성소수자 부모모임
pflagkorea.org, 02-714-955, rainbowmamapapa@gmail.com
서울퀴어문화축제 조직위원회
kqcf.org, 0505-303-1998, kqcf@daum.net
부산퀴어문화협동조합 홍예당
hydbusan.com, 070-8657-4537, hydbusan@gmail.com
성소수자차별반대 무지개행동

lgbtqact.org, lgbtqact@gmail.com
HIV/AIDS인권행동 알
action-al.org, r.ypcok@gmail.com, 02-6448-1201
트랜스젠더 인권단 조각보
transgender.or.kr, tgjogakbo@naver.com
차별금지법제정연대
equalityact.kr, equalact2017@gmail.com
무지개 예수
성소수자 그리스도인 및 성소수자와 함께하고자 하는 그리스도인들 모임의 연합.
rainbowyesu.org

[참고자료 6] 성폭력 대체 매뉴얼과 성폭력 피해자 지원 단체 목록

1. [예장통합] 교회 성폭력 예방 및 대응 매뉴얼
http://new.pck.or.kr/bbs/board.php?bo_table=SM02_03_12&wr_id=421

2. [기독교여성상담소] 교회 성폭력 예방 지침서
http://www.8275.org/(자료실>발간자료목록 8번)

3. [예장통합] 교회성폭력 사건 발생 시 처리지침(안)
https://new.pck.or.kr/bbs/board.php?bo_table=SM02_03_12&wr_id=422

4. [NCCK] 교회성폭력 예방교육 커리큘럼
http://www.kncc.or.kr/newsView/knc202211230006

* 미국 참고자료
[LA대교구] 성조자 성추행 혐의를 다루기 위한 교구 정책
[전국 가톨릭 서비스] 행동강령
[미국주교회의]성폭력 및 가정 폭력과 학대에 대한 가톨릭의 대응 설문조사 결과
[신시내티교구] 신뢰회복-홈페이지
https://cafe.naver.com/catholic4womenchrist/42

대화를 위한 여성신학

2025년 6월 24일 초판 1쇄 펴냄

지은이	조민아
펴낸이	김경섭
펴낸곳	도서출판 삼인
등록	1996년 9월 16일 제 25100-2012-000046호
주소	(03716) 서울시 서대문구 성산로 312 북산빌딩 1층
전화	02- 322- 1845
팩스	02- 322- 1846
이메일	saminbooks@naver.com
편집	김수진
디자인	김은선
제작	수이북스
ISBN	978-89-6436-285-3 93230